Leonard S. Bernstein

Amüsanter Leitfaden für den perfekten Weinkenner

Albert Müller Verlag
Rüschlikon-Zürich • Stuttgart • Wien

Zeichnungen von Terry M. Fehr
Albert Müller Verlag Rüschlikon-Zürich • Stuttgart • Wien
Aus dem Englischen übersetzt von Christa Wicks.
Titel des englischen Originals:
The Official Guide To Wine Snobbery,
erschienen bei Quill, New York. Copyright ©.
– Deutsche Ausgabe: © Albert Müller Verlag AG,
Rüschlikon-Zürich, 1990.
– ISBN 3-275-00995-8. – 1/5. – Printed in Germany.

Inhaltsverzeichnis

Vorwort

Reginald, Weinsnob höchsten Grades, spazierte um 6 Uhr in der Früh auf der Fifth Avenue, als der Lieferwagen einer Weinhandlung ihn von hinten anfuhr. Der Fahrer riß den Wagen rum – ein Manöver, bei dem drei Flaschen zersprangen und ihren Inhalt auf die Straße ergossen. Alles passierte so schnell, daß Reginald später weder über das Modell noch über die Farbe des Wagens etwas aussagen konnte. »Haben Sie irgend etwas gesehen?« fragte der Inspektor.

»Gar nichts«, antwortete Reginald.

»Ist Ihnen sonst was aufgefallen, ein Geräusch vielleicht oder ein Geruch?«

Reginald versetzte sich in Gedanken wieder an den Unfallort. Ein Geruch? Aber natürlich, es gab doch einen Geruch. Das war es! Genaugenommen war es eigentlich ein Bukett, das Bukett eines Weines.

»Machen Sie den Lieferwagen einer Weinhandlung ausfindig, der 1966er Château Margaux ausfährt«, sagte Reginald.

Dies ist eine typische Weinsnob-Anekdote: blumig, übertrieben und gleichzeitig mondän. Wenn Sie also derartige Ambitionen hegen, sollten Sie unbedingt Reginalds Geschichte im Gespräch einflechten. Am überzeugendsten wirkt es, wenn Sie in einer kleinen Ecke Ihres Unterbewußtseins auch noch selber daran glauben . . .

Weinsnobismus besteht aus einer Prise Angebertum, einer Prise Raffinesse, aus Wissen und vor allem aus Effekthascherei. Wollen Sie immer noch dabei sein? Ja? Ja, dann müssen Sie viel lernen: übers Riechen und Schwenken, übers Dekantieren, darüber, wie man den Gaumen auf den Weingenuß vorbereitet und wie man den Wein atmen läßt. Sie müssen sich ebenso auf Argumente von »Rotwein-mit-Fleisch«-Verfechtern wie von »Weißwein-mit-Fleisch«-Befürwortern einstellen. Sie müssen wissen, welcher Wein IN ist und welcher OUT; welcher Jahrgang als IN anerkannt ist und welcher auf der OUT-Liste steht. Und vor allem müssen Sie natürlich wissen, was man sich in der Weinwelt erzählt, um dazu gezählt zu werden! Mit anderen Worten, Sie brauchen ein Handbuch, genauer gesagt: diesen AMÜSANTEN LEITFADEN FÜR DEN PERFEKTEN WEINKENNER!

Weintrinken hat etwas Mystisches, dessen muß man sich bewußt sein. Leute, die wissen, welchen Wein man zu einem Ris de Veau bestellt – oder jedenfalls so tun, als wüßten sie's – strahlen etwas Erhabenes aus. Von ihren Freunden werden sie oft gehaßt, manchmal geliebt, aber immer heimlich beneidet. Weinsnobs spüren, daß ihr Sachverstand (oder ihr Gehabe) einen gewissen Respekt einflößt und setzen alles daran, diese Vorrangstelle zu sichern.

So haben sich bestimmte Rituale und Artigkeiten, ja sogar Affektiertheiten entwickelt. Dieser Wegweiser macht Sie damit vertraut.

Bitte, dies ist keine wissenschaftliche Abhandlung über die Weinkunde; darüber gibt es unzählige Bücher und – man stelle sich das mal vor! – Kurse für Erwachsene. Es ist ein Handbuch zum Weinsnobismus. Hier geht es darum, Leute zu beeindrukken. Wenn sie diese Ratschläge befolgen, werden Sie den gewieftesten Weinkellner einschüchtern. Wenn Sie sie außer acht lassen, sind Sie sogar in der Stehbar an der Ecke unten durch.

Erster Teil

Leserbrief in einer alten englischen Weinzeitschrift:

Der Unterschied zwischen einem Weinkenner und einem Weinsnob scheint an einem seidenen Faden zu hängen. Können Sie ihn mit bitte erläutern?

Elizabeth

Liebe Elizabeth:
Ein Weinkenner weiß, daß 1970 ein großartiges Jahr für einen Château Latour war.
Ein Weinsnob kennt den Namen des Kellermeisters.

Den Gaumen einstimmen

In der Welt des Weinsnobismus gibt es keinen Ausdruck, der einen schneller in diese Zunft aufnimmt, als das Wissen um die »Gaumenvorbereitung«. Das ist die eigentliche Parole. Der Gaumen muß auf die kommenden Genüsse eingestimmt werden, wenn es darum geht, die Qualität des Weines optimal zu beurteilen.

Wahrscheinlich ist es dieser eigentümliche Ausdruck, der den Vorgang so versnobt erscheinen läßt. Es ist aber wohl auch der Gedanke, daß man den Gaumen erst einmal einzustimmen hat. Beim üblichen Probieren und Schmecken spricht man ja auch nicht von einer solchen Prozedur. Aber die Weinzunft ist eben mit nichts zu vergleichen. Sie pflegt ihre eigene Sprache für die feinfühligen Traditionen, die es braucht, um diese Kunst zu würdigen.

Wenn Sie also ein Weinsnob werden wollen, müssen Sie ständig Ihren Gaumen »putzen«. Das wäre es eigentlich schon. Es ist natürlich möglich (und äußerst peinlich), ihn zur falschen Zeit oder mit dem falschen Mittel zu behandeln. Man kann schließlich nicht mit Odol gurgeln! Es kommen nur zwei Dinge in Frage: Wasser und Brot. Brot ist da schon versnobter, weil es viel auffallender ist und jeder sieht, was Sie im Sinn haben. Wenn Sie Wasser nehmen, könnte jemand auf die Idee kommen, daß Sie ganz einfach durstig sind. Und da man sein Vorhaben ja nicht ausposaunen sollte, muß es sonstwie ins Auge fallen. Wenn der Kellner also den Wein bringt und Ihnen einschenkt, probieren Sie ihn nicht sofort. Greifen Sie nach einer dieser knusprigen Brotstangen oder einem Stück trockenem Brot und kauen Sie eine Weile. Ohne viel Tamtam, einfach so. Ihre Tischgenossen kommen nicht umhin, das zu bemerken, und sie werden von allen als einer, der sich auskennt, eingestuft.

Man kann es auch falsch machen, und mein früherer Freund hat das geschafft. Der Kellner brachte den Wein und schenkte ein. Ganz diskret schaute Vernon sich auf dem Tisch nach Brot um. Da es keins gab, bat Vernon den Kellner, ihm etwas zu bringen, damit er seine Geschmackspapillen neutralisieren könne. Das war das letzte Mal, daß Vernon den Wein bestellen oder probieren durfte!

Beim Snobismus verhält es sich eben wie beim Schmuck; es ist durchaus möglich, zuviel zu tragen!

Die ausgefallene Flasche

Schauplatz ist ein gemütliches französisches Restaurant. Der Oberkellner bringt die Weinkarte, die an Sie, den ausgewiesenen Weinkenner, weitergegeben wird. Sie müssen Ihren Ruf wahren und prüfen die Karte sehr sorgfältig. Schließlich bestellen Sie: »Nummer 623 bitte.«

»Welchen Wein hast du bestellt?« fragt jemand.

»Einen Beaujolais.«

»Einen Beaujolais? Wie kannst du einen Beaujolais bestellen? Wir essen doch alle Fisch.«

»Einen weißen Beaujolais.«

Ende der Unterhaltung: Sie haben es wieder geschafft. Mit der genau richtigen Nuance von Arroganz und Herablassung haben Sie jeden auf seinen Platz verwiesen und dem Fragesteller außerdem den ganzen Abend verdorben. Wie wagt er es auch, Ihre Wahl anzuzweifeln? Es wäre durchaus in Ordnung, einen Beaujolais zum Fisch zu bestellen. Nicht die beste Wahl vielleicht, aber absolut angemessen. Und sie beweist, daß Sie das gewisse Etwas haben.

Damit haben Sie etwas ganz Wesentliches erreicht: Sie haben DIE AUSGEFALLENE FLASCHE gefunden – eine Gabe, ohne die der Weinsnob einfach nicht auskommt.

Ein weißer Beaujolais ist und bleibt ideal, egal ob das angezweifelt wird oder nicht. Alleine schon die Tatsache, daß ein weißer Beaujolais kredenzt wird, beeindruckt Ihre Freunde und Kollegen. Und falls es keine Fragen gibt, bevor der Wein eingeschenkt wird, kommen vielleicht welche hinterher. Einer, der ganz sicher ist, daß Beaujolais nur rot ist, sagt vielleicht: »Wußtest du, daß er weiß ist?«

Das ist eine heikle Situation, und der Weinsnob sollte sie nicht auskosten. Die Frage ist so naiv, daß die offensichtlich herablassende Bemerkung »natürlich« völlig daneben ist. Die Tischrunde würde peinlich berührt reagieren. Wenn Sie den Fragesteller lächerlich machen, wirken Sie nicht weltmännisch sondern brutal. Das einzig Richtige hier ist zu sagen: »Ich hätte es vielleicht auch nicht gewußt, wenn es nicht auf der Weinkarte gestanden hätte.« Es gibt also Gelegenheiten, wo Sie mit Angeberei nicht weiterkommen – Sie müssen tolerant sein. Das stellt die Geduld des Weinsnobs auf die Probe, aber anders geht es nicht.

Es gibt noch andere Weine, die sich fast so gut eignen wie weißer Beaujolais. Bei einer Gesellschaft, die sich zwar etwas, aber nicht sehr gut bei Weinen auskennt, tut es auch ein Chassagne-Montrachet – rot versteht sich. Die meisten Leute verbinden Montrachets mit Weißwein und dafür sind Montrachet, Puligny-Montrachet und Chassagne-Montrachet ja auch bekannt; vielleicht der beste trockene Weißwein überhaupt. Ein roter Chassagne-Montrachet ist also noch eine AUSGEFALLENE FLASCHE. Außerdem ist es wirklich ein guter Wein und nicht nur ein Versuch, aus der Reihe zu tanzen.

Ein weiterer, außerordentlich mondäner Wein ist ein weißer Châteauneuf-du-Pape. Auch hier denkt man zuerst an den roten. Der Überraschungseffekt ist einmalig. Vielleicht bemerkt aber doch jemand, nachdem der erste Schock abgeklungen ist: »Wenn du schon Weißwein bestellst, hättest du nicht etwas Besseres als einen Châteauneuf-du-Pape wählen können?« Und damit hätte er völlig recht. Aber Sie können ruhig darauf setzen, daß das Überraschungsmoment, gekoppelt mit Ihrer überragenden Selbstsicherheit, eine derartige Herausforderung lahmlegen. Der Weinsnob hat wieder ins Schwarze getroffen.

Dekantieren

Nichts in der Weinwelt ermöglicht dem Snob mehr, sich in Szene zu setzen, als das Dekantieren. Und dafür gibt es zwei gute Gründe: Der Wein schöpft Luft und der Bodensatz, der sich bei älteren Rotweinen bildet, bleibt zurück.

Stellen Sie sich einmal diese Zeremonie bildlich vor. Bei der klassischen Art des Dekantierens gießt man den Wein aus der schräg gehaltenen Flasche behutsam in eine Karaffe. Eine brennende Kerze scheint dabei durch den Flaschenhals, so daß sich der Niederschlag beim Gießen sofort zeigt. Das ist meist bei den letzten drei bis fünf Zentimetern der Fall; das Depot wird dann weggegossen. Dieser Vorgang ist feierlich, ohne allzu protzig zu wirken. Wie gestaltet man ihn also augenfälliger?

Nicht-Snobs dekantieren den Wein, bevor die Gäste ankommen. Eine Einladung bei ihnen ist nie ein Vergnügen. Arrivierte Weinsnobs gedulden sich mit dieser feierlichen Handlung bis etwa eine halbe Stunde vor dem Essen. Sie begeben sich dann leise, aber auffällig vom Aperitif weg ins Eßzimmer, in das man möglichst vom Wohnzimmer aus hineinblicken kann. Folgt keiner der Gäste, können Sie jemanden bitten mitzukommen, um bei der heiligen Handlung zu assistieren. Falls Sie Gast im Hause eines Weinsnobs sind und das Prozedere des Dekantierens (wie diskret auch immer) angekündigt wird, erwartet man Sie umgehend im Eßzimmer. Ein paar Ohs und Ahs zur rechten Zeit sind durchaus angebracht. Wenn Sie dann nach Hause zurückkehren und das Verlangen verspüren, an Ihrer nächsten Einladung die gleiche Show abzuziehen, sollten Sie an Folgendes denken: Man dekantiert nur einen Wein, der es nötig hat. Das heißt, ein Wein mit Bodensatz, denn die Zeremonie mit der Kerze muß man natürlich nicht durchführen, wenn es lediglich darum geht, den Wein atmen zu lassen. Es braucht einen mindestens zehnjährigen Wein, der – wenn man ihn gegen das Licht hält – eine Ablagerung aufweist. Wenn Sie einen Wein dekantieren, der es eigentlich nicht braucht – wie z. B. ein fünfjähriger roter Bordeaux – figurieren Sie in einer dieser Weinanekdoten, die in weniger als drei Wochen ihre Runde machen, als Hauptdarsteller!

Wie kann man da auf Nummer Sicher gehen? Wie kauft man einen Wein mit Bodensatz? Sie können ja schließlich nicht mit einer Taschenlampe in eine Weinhandlung gehen, geschweige denn jede Flasche gegen das Licht halten. Sie könnten einen Jahrgangs-Port kaufen. Passen Sie auf, daß auf der Etikette »Vintage Port« steht und nicht etwa »of the vintage«. Ein Jahrgangs-Port muß zwei Jahre nach der Weinlese auf Flaschen gefüllt werden. Alles, was älter als zehn Jahre ist, hat die beste Voraussetzung, Depot zu haben. So ein alter Port kann allerdings nur nach dem Essen serviert werden, was wiederum günstig ist, weil Ihre Gäste gezwungenermaßen für diese Vorführung so schön im Eßzimmer beieinander sind. Vielleicht ist das ein bißchen plump, aber Weinsnob zu sein ist eben auch nicht einfach. Man muß mal was riskieren.

Der Fall Château Lafite

Im Leben eines jeden Weinkenners gibt es eine Kiste Lafite-Rothschild. Sie ist seine Eintrittskarte in die Gesellschaft, seine Auszeichnung, einfach der höchste Beweis des »Dazugehörens«. Was dem Kunstkenner ein Degas und dem Sammler seltener Musikinstrumente eine Stradivari bedeuten, ist für den Weinkenner der Château Lafite.

Aber ebenso wie es Degas und Degas gibt, ist auch ein 66er Lafite nicht das gleiche wie ein 61er. Kaum etwas ist mit einem 61er Lafite zu vergleichen. Schon ganz am Anfang meiner Weinkarriere hat so eine Kiste den Weg zu mir gefunden.

Ich gebe zu, daß ich sie gekauft habe, um überall von »meiner Kiste 61er Lafite« reden zu können. Aber als ich sie Mitte der sechziger Jahre kaufte, wußte man noch nichts von ihrem 21karätigen Snob-Appeal. Ich mußte 12 Dollar für die Flasche zahlen. Die letzten Quotierungen, die ich hörte, beliefen sich auf 250 Dollar!

Zweihundertfünfzig Dollar die Flasche! Das ist 29 Dollar das Glas oder etwa 2 Dollar 39 pro Schlückchen. Oder 3 Dollar 98 für einen ausgewachsenen Schluck – falls ich es je mit einem zu tun haben sollte, der einen Lafite 61 in so großen Zügen hinunterkippt.

Es würde wohl meinem noch etwas unsicheren Ruf als Weinkenner dienlich sein, den Eindruck zu erwecken, daß ich die Kiste ohne Zögern gekauft, in den Keller gelegt und dann vergessen hätte. In Tat und Wahrheit habe ich sie aber nicht ohne Bedenken gekauft, hatte ich doch keinen Keller, um den Wein zu lagern. Und danach habe ich mich eigentlich immer unwohl bei der Sache gefühlt. Verständlich, denn wenn man die 250-Dollar-Flaschen auf einen Kubikzentimeter-Preis umrechnet, ist es das Wertvollste, was ich besaß. Der Gedanke, den Wein zu trinken, kam gar nicht in Frage. Ich hatte Angst, ihn zu lagern und es war mir peinlich, ihn zu versichern. Außerdem war ich zu geizig, ihn anzubieten. Das einzige, was ich wirklich machen konnte, war, mir Sorgen zu machen!

Die ganze Sache nahm ungeahnte Dimensionen an. Eigentlich ging es ja nur um Wein. Wein, den man für ein Essen aufmacht, im Glas kreisen läßt, riecht, probiert, genießt und dann wieder vergißt. Meine Frau behauptet, es gäbe kein von ihr gekochtes Essen, daß sich an einem Wein im Wert von 250 Dollar messen könnte.

Ich merkte schon sehr bald, daß es mit der Kiste einen verhängnisvollen Lauf nehmen würde. Ich habe sie nur erstanden, um damit meinem Ansehen mehr Geltung zu verleihen. Bald erging es mir dann wie dem Kunstsammler, der sich ein paar schnell hingeworfene Striche von Picasso zulegte, um sich mit SEINEM Picasso brüsten zu können: Ich – mußte? – die Früchte meines übertriebenen Stolzes ernten.

Ich ließ die Kiste im Keller meines Händlers, der mir versicherte, er würde sie aufbewahren, bis der Wein »soweit« sei. Das war schon eine wichtige Überlegung, da sich mein Keller nicht für die Lagerung eignet. Ich habe die Angelegenheit dann so ziemlich vergessen, war mir aber doch vage bewußt, daß der 61er Bordeaux sich gut entfaltet und sein Preis steigt. Die Sache hatte aber keine Eile. Der Wein lagerte und war sicher. Irgendwann, in etwa fünf Jahren, würde ich mir überlegen, was ich damit machen wollte.

Im Jahr 1968 bekam ich vom Weinhändler die Nachricht, daß er von mir Transportanweisungen erwarte. Das war eine ernste Sache, konnte ich den Wein doch weder selbst lagern noch wollte ich ihn in ein Lagerhaus bringen.

Dann fiel mir wieder ein, daß der Händler versprochen hatte, den Wein so lange zu lagern, bis er ausgereift war. Und jeder wußte, daß das bei einem 61er Lafite 1968 noch nicht der Fall war. Die Lagerung drohte zum Streitpunkt zu werden. Ich hatte ja in letzter Zeit nichts bei ihm gekauft, und er wollte die Kiste offensichtlich aus seinem Keller haben. Eine Auseinandersetzung also, bevor ich den Wein noch nicht einmal probiert hatte.

»Sie haben doch versprochen, Sie würden ihn so lange aufbewahren, bis er trinkfertig ist. Sie meinen also, daß der 61er Lafite schon die nötige Reife hat?«

»Der 61er Lafite wird vielleicht zu unseren Lebzeiten nie soweit sein«, meinte er, »irgendwann muß ich ihn ja wegschaffen.«

Dummerweise hat er damit wohl recht.

»Wie wär's, wenn Sie ihn noch ein bißchen länger aufbewahr-ten?«

»Vielleicht noch ein oder zwei Jahre – aber dann ist Schluß!«

Und so war's denn auch.

Zwei Jahre vergingen, und ich bekam die nächste Nachricht. Mir brach der Schweiß aus, als ich den Absender sah. Der Wein war in den zwei Jahren auf den doppelten Preis gestiegen. Und ich hatte immer noch keine Möglichkeit, ihn unterzubringen.

»Er ist noch nicht soweit!« schrie ich in den Hörer.

»Mit wem sprechen Sie denn?« kam die höfliche Frage.

»Ich will mit Herrn Fleming sprechen. Er hat mir versprochen, den Wein zu verwahren, bis er zum Genuß reif ist. Und er ist immer noch nicht soweit.«

»Herr Fleming ist nicht mehr bei uns«, sagte er.

Ich hatte alle Möglichkeiten beim Weinhändler ausgeschöpft und mußte die Sache anders angehen. Nachts lag ich wach und grübelte. Es gab nur eine Möglichkeit. Mein hiesiger Weinhänd-ler auf Long Island hatte natürlich einen Keller und ich war Stammkunde. Ich fragte den Besitzer, ob er eine Kiste 61er La-fite aufbewahren würde.

»61er Lafite?« fragte er. »Wissen Sie, was der für einen Wert hat?«

»Ich weiß«, sagte ich verlegen. Hier bei ihm kaufe ich für Dol-lar 3,98 Vouvray und Beaujolais, und er muß annehmen, ich kaufe meinen Lafite in so einem vornehmen Laden in der Stadt.

»Es war ein Geschenk«, log ich.

So wanderte die Kiste in seinen Keller. Der Gedanke, seine An-gestellten könnten sich eine Flasche unter den Nagel reißen, versetzte mich in Angstzustände. Nicht einmal probiert hatte ich ihn bisher!

In den nächsten paar Jahren verlief die Sache ruhig, und der Wein kletterte auf die 250-Dollar-Marke. Und dann wurde das Geschäft verkauft. Kein Problem, dachte ich. Ich geh' einfach hin und stelle mich dem neuen Besitzer vor. Er wird ja in Zu-kunft an mir verdienen und somit also bereit sein, die Schatzki-ste weiterhin aufzubewahren.

Das war auch kein Problem, bis ein Jahr später – 1975 muß es wohl gewesen sein. Ich fuhr an dem Laden vorbei und sah ein Riesenschloß an der Tür und dieses Schild im Fenster: Das Geschäft befindet sich in Konkurs. Alle Weine werden versteigert. Mein Hals schnürte sich zu und ich war fassungslos. Schließlich stürzte ich ins Haushaltsgeschäft nebenan, wo ich erfuhr, daß der Inhaber der Weinhandlung in finanzielle Schwierigkeiten geraten war und einfach aus der Stadt verschwunden war. Keiner wußte, wo er sich jetzt aufhielt. Das Betriebsvermögen war von einem Gerichtsvollzieher beschlagnahmt worden, um die Schuldner zufriedenzustellen. BESCHLAGNAHMT! Meine Kiste Lafite 61 ist jetzt beschlagnahmt, nachdem sie – außer dem Probiertwerden – alle anderen Stürme gut überstanden hatte!

Ich rief beim Gerichtsvollzieher an. Man war dort sehr nett und hilfsbereit. Ich sollte mit einem Beweis, daß ich der rechtmäßige Besitzer einer solchen Kiste sei, wiederkommen und dann würden sie den Wein freigeben. Beweis? Wie konnte ich das beweisen? Mein einziger Beweis war der Besitzer.

Ich nahm zwei Valium und ging zu meinem Rechtsanwalt. Er verwies auf das deprimierende Fehlen eines Beweises. Worauf ich ihm klarmachte, daß ich seine Dienste sonst gar nicht in Anspruch nehmen müßte.

»Kein Grund, deswegen so verärgert zu reagieren«, meinte er. Und dann unterbreitete er mir seinen Plan, welche Rechtsschritte er zu unternehmen gedenke. Ich verstehe etwas von solchen rechtlichen Schritten – sie sind immer teuer. Es klang so nach 500 Dollar.

»Wir müssen eine einstweilige Verfügung beantragen«, sagte er. Ich sah das alles sehr lebhaft vor mir: Ein Kampf durch die verschiedenen Gerichte, Einspruch um Einspruch. Die nächsten drei Jahre hieße es rein und raus aus Gerichtssälen. Für soviel Geld und Ärger könnte ich die Kiste selbst wieder auf der Auktion ersteigern. Die reinste Demütigung!

Ich hatte keine Ahnung, wie weiter; aber an dem Abend erhielt ich einen Anruf.

»Ich bin DeAngelis«, sagte er, »ich habe Ihre Kiste Lafite 61.«

ERPRESSUNG war mein erster Gedanke.

»Was verlangen Sie?« fragte ich gereizt.

»Nein, nein, Sie irren sich«, sagte er, »ich bin einer der Angestellten. Ich wußte, daß Sie den Lafite bei uns eingelagert hatten, und ich wußte auch, daß man sie mit all den andern Kisten versteigern würde. Ich habe sie also heimlich mitgehen lassen.«

UNTERSCHLAGUNG war mein nächster Gedanke.

So wird das also ablaufen, dachte ich: Wir verabreden Ort und Zeit für die Übergabe. Wahrscheinlich so ein geheimnisvoller Ort wie vor dem Hintereingang von Newsomes Fahrradgeschäft. Ich sage ihm, daß ich Rot trage. Er sagt, er humple leicht. Wir treffen uns. Die Sirenen heulen. Wir sind umstellt. Handschellen. Ein Staatsverbrechen: Handel mit gestohlenen Waren.

»Geben Sie mir Ihre Nummer, ich rufe Sie zurück.«

Schnell lief ich zu einer öffentlichen Telefonzelle.

»Da ist nichts Faules dran, Herr Bernstein«, versicherte DeAngelis, als merkte er, daß meine Gelassenheit und Ruhe nur gespielt waren.

»Ich weiß, daß es Ihre Kiste ist. Sie war ja ein paar Jahre da. Warum sollten Sie sie nicht bekommen? Wenn Sie wollen, bringe ich Sie Ihnen heute abend vorbei.«

Mein Blick schweifte über die nähere Umgebung der Telefonzelle. Ein Typ in einem Reportermantel kam über die Straße. Als er sich näherte, erkannte ich Stanley, meinen Nachbarn.

»O.K., Herr DeAngelis, bringen Sie sie rüber, und vielen Dank!«

Einige Geschichten enden mit Blutvergießen und Intrigen aber DeAngelis entpuppte sich als netter junger Mann, der die Ungerechtigkeit erkannte und etwas dagegen unternehmen wollte. Ich zwang ihm 10 Dollar auf, die er gar nicht wollte. Ich fühle mich deswegen immer noch ein bißchen schuldig. Die Kiste kam in meinen Keller.

Da steht sie nun. Neben ihr springt die Heizung an und aus und mein Sohn spielt mit seinen Freunden Tischtennis. Ich gehe runter und schaue besorgt nach: Ist noch alles in Ordnung? Wird der Wein auch nicht schlecht? Läßt der Heizungsmann ein paar Flaschen mitgehen? Schließlich ist es ja ein 250-Dollar-Wein! Es hat mich graue Haare und schlaflose Nächte gekostet. Aber das habe ich gelernt: Es gibt eben Menschen, die für Lafite-Rothschild geboren sind und solche, die für die Beaujolais-Welt bestimmt sind. Und ich weiß, wozu ich gehöre.

Wein muß atmen

Soll der Rotwein im voraus zum Luftschöpfen geöffnet werden oder nicht? Um diese beiden Ansichten dreht sich unter den Weinsnobs eine Kontroverse. Auf die verschiedenen Standpunkte wollen wir hier nicht eingehen, weil es für uns nicht von Interesse ist, recht zu haben, sondern versnobt zu sein. Beide Positionen bergen einen ansehnlichen Snob-Appeal in sich und der eindrucksvollste Weg der Anerkennung ist, dem Oberkellner zu widersprechen.

Sie bestellen einen 1971er roten Burgunder. Der Oberkellner bringt die Flasche, aber entkorkt sie nicht.

»Ich finde, Sie sollten ihn ein bißchen atmen lassen«, sagen Sie ihm.

Sie bestellen den gleichen Wein, und der Oberkellner entkorkt ihn und sagt: »Ich lasse ihn noch eine Weile Luft schöpfen. Ich schenke ihn in ein paar Minuten ein.« Sie antworten darauf höflich (aber schon mit einer Spur von Herablassung): »Warum gießen Sie ihn nicht jetzt ein; er wird sich im Glas entfalten.«

Ein Wein entfaltet sich, wenn er mit Luft in Verbindung kommt. Er wird runder und lieblicher. Das ist auch der Grund, warum die meisten Weinsnobs einen guten Rotwein erst Luft schöpfen lassen. Dies ist gar keine schlechte Wendung und wird auch von wahren Weinsnobs als legitim angesehen.

Adjektive

Den Weinsnob par excellence, Richard Pratt, trifft man in Roald Dahls Kurzgeschichte »Taste«, wo es heißt, daß Pratt »die eigenwillige und ziemlich wunderliche Gewohnheit hat, vom Wein als von einem Lebewesen zu sprechen«.

»Ein besonnener Wein«, würde er sagen, »ziemlich schüchtern und ausweichend, aber doch besonnen.« Oder »ein wohlgelaunter Wein, gutmütig und vergnügt – etwas schlüpfrig vielleicht, aber trotzdem wohlgelaunt.«

Der Leser empfindet dies vielleicht als schrullig und charmant – die Verschrobenheit eines typisch Dahlschen Sonderlings. Aber Dahl verdient mehr Ehrerbietung. Er versteht etwas von Weinen, er kennt sich bei Weinsnobs aus und ihm liegt nichts daran, solche Dialoge zu erfinden. Was Roald Dahl über Richard Pratt sagt, kann man überall hören, wo Weinsnobs verkehren. Wir können das Kapitel also nicht so beiläufig abhandeln; wenn wir dem Weinsnobismus huldigen, müssen wir den richtigen Gott anbeten.

Es stimmt leider, daß man dem Wein »menschliche« Adjektive gibt. Der Weinsnob muß die Spreu vom Weizen trennen und die richtigen wählen. Es wäre z. B. möglich, einen Wein als selbstbewußt zu beschreiben, aber unmöglich, ihn als agil einzustufen. Ein Wein ist vielleicht zaghaft oder schüchtern, aber sicher nicht linkisch. Diese Feinheiten spielen eine große Rolle, wenn dem Wein derartige Adjektive zugesprochen werden. Eine gefühlsbetonte oder psychologische Charakterisierung ist treffend, eine körperbezogene ist jedoch nicht angebracht.

Für dieses Fach gibt es kein Lehrbuch; der angehende Weinsnob muß sich seinen eigenen Wortschatz zulegen. Für Richard Pratt mag ein Wein zaghaft sein, Sie finden ihn vielleicht charmant. Bei diesen Nuancen kann man nicht auf »richtig« oder »falsch« setzen, hier entscheidet nur die Poesie der Beschreibung.

Eigentlich gibt es wohl doch ein Richtig und ein Falsch. Dahls Geschichte spielt sich nämlich in London ab, und was dort unter Kennern gilt, ist in New York vielleicht dummes Zeug. Es ist tatsächlich so, wenn Richard Pratt seine Beobachtungen in der erlesensten New Yorker Weingesellschaft zum besten gäbe, löste er damit gelinde gesagt ein Erstaunen aus.

Also verlangen sogar gefühlsbetonte und psychologische Charakterisierungen ein Abwägen. Ja, ein Wein kann als charmant bezeichnet werden, ein recht allgemeines Eigenschaftswort. Nein, er kann nicht als zaghaft bezeichnet werden – diese Auszeichnung ist allzu affektiert.

Ja, ein Wein ließe sich fröhlich nennen; das wäre wahrscheinlich das richtige Wort für einen Beaujolais. Nein, als wohlwollend könnte man ihn nicht beschreiben; das wäre zu vielschichtig, zu subtil, zu menschlich. Der Weinsnob liest Hugh Johnson und André Simon und erhält ein Gefühl für die richtige Wortwahl. Snobismus ruft nach Phantasie, ja sogar nach Mut, aber vor allem nach Geschmack und Einfühlungsvermögen.

Rotwein mit Fleisch

Es gibt Weinsnobs, die für »Rotwein mit Fleisch« plädieren, und es gibt die anderen, die »Weißwein mit Fleisch« verfechten. Ihre Aufgabe ist es, beide Rollen zu spielen.

Diese beiden Varianten gehören schon seit jeher zum klassischen Weinsnobismus. Sie bestellen einen Rotwein zum Veal Francese und einer in der Tischrunde verdreht verzweifelt die Augen. Nächste Woche bestellen Sie dann zum gleichen Hauptgericht einen Weißwein, und wieder stoßen Sie auf Ablehnung. Es können nicht beide Weinsnobs recht haben, aber beide haben Sie erfolgreich verunsichert. Was ist da zu machen?

Denken Sie immer daran: Es gibt kein Richtig! Nirgends sind die Regeln festgelegt, welcher Wein zu welchem Essen getrunken werden kann. Sie dürfen sich also genau wie die anderen als großer Kenner aufführen. Vielleicht haben die schon ein bißchen mehr Erfahrung, aber der Grundstein, auf den Ihrer Meinung nach diese Sachkenntnis beruht, existiert einfach nicht. Ihre Vorliebe ist so stichhaltig wie die der anderen, Ihre Arroganz so berechtigt wie deren. Der Schlüssel liegt im Auftreten. Fragen Sie nicht jeden, was er gern trinken möchte. Sagen Sie einfach: »Ich glaube, heute abend sollten wir einen roten Bordeaux zum Kalbfleisch nehmen.« Klappen Sie die Weinkarte zu und geben Sie Ihre Bestellung auf.

Vielleicht ist doch eine kleine Warnung angebracht. Es gibt, wie gesagt, absolut keine Rotwein-mit-Fleisch-Regel, aber ein paar Richtlinien sollten Sie doch beherzigen. Wein ergänzt ein gutes Essen, und eine gute Verbindung von Wein und Speisen lassen beides zu höherem Genuß aufsteigen. Es gibt schwere Weine wie gute Bordeaux und Burgunder, Barolo, Chianti Riserva und die besseren deutschen Rheinweine. Ebenso gibt es deftige Speisen wie Cassoulet oder Boeuf Bourgignon. Harmonisieren Sie Wein und Speise; mehr braucht es nicht.

Umgekehrt gibt es aber auch leichtere Weine – Beaujolais, Bardolino, Chablis und Mosel – und die passen gut zu leichteren Speisen. Verlassen Sie sich auf Ihr eigenes Urteil. Sie wissen es genauso gut wie die anderen.

Die Rechnung ohne den Wirt machen

Mit 23 wußte ich, daß ich dazu ausersehen war, Weinsnob zu werden. Es fing alles ganz harmlos an. Ich war seit zwei Jahren aus dem College und mußte mit einem recht bescheidenen Budget auskommen. Trotzdem schien ein Abendessen in New York angebracht; schließlich war es ja unser Jahrestag. Ein ruhiges französisches Restaurant? So um die fünf Dollar pro Person. Zu der Zeit war das noch möglich.

Ich erwähnte es gegenüber einem Kollegen. Etwas Besonderes, sagte ich. Wahrscheinlich habe ich von den fünf Dollar nichts gesagt.

»Probier doch mal ›Le Pavillon‹ aus, es ist ganz nett dort«, meinte er.

Le Pavillon – nie gehört, aber es klang gut.

Ich rief an und reservierte auf Leonard Bernstein. Damals war mir einfach noch nicht klar, daß man nicht unter dem Namen von Leonard Bernstein reserviert – egal, ob man nun so heißt oder nicht.

Wie dem auch sei, ich tat es. Und als wir ankamen, war es ganz offensichtlich, daß sie jemand anders erwartet hatten: Ein ganzes Empfangskomitee stand an der Tür. Aber ich war es und nicht ER, und man plazierte uns entsprechend.

Aber das ist es nicht, was ich Ihnen erzählen wollte. Die Geschichte geht darum, wie ich mit dem ›Le Pavillon‹ abrechnete. Der Abend war ganz und gar nicht reizend, das kann ich Ihnen versichern!

Die Speisekarte verwirrte uns; die Preise erschreckten uns. Mir war sofort klar, daß ich nicht genug Geld auch nur für die bescheidensten Köstlichkeiten hatte. »Hast du etwas Geld mit?« flüsterte ich Rita zu. »Ja? Reich es mir unter dem Tisch durch.« Überdies fühlten wir uns vom Weinkellner eingeschüchtert. (Ich wußte damals noch gar nicht, was das war.) Für mich war das schlicht noch so ein Typ in einem komischen Anzug und mit einer Kette um den Hals. Er nahm an, wir würden Wein bestellen und fragte uns nur, welchen wir vorzögen. »Was immer Sie empfehlen«, murmelte ich.

Ich sehe ihn immer noch vor mir, wie er den Wein in mein Glas eingoß und wartete – erst in Achtungstellung und dann mit wachsender Ungeduld.

»Wollen Sie vielleicht den Wein probieren?« fragte er schließlich. Wahrscheinlich fühlte ich in dem Moment tief in meinem Innern, daß er mein Feind war.

Uns war während des Essens äußerst ungemütlich zumute. Wir waren so verdattert, daß wir die falsche Gabel für den Salat und das falsche Messer für die Butter nahmen. Obendrein schenkte ich uns noch selbst den Wein ein, was den Weinkellner offensichtlich beleidigte und entrüstet herbeieilen ließ.

Die Rechnung kam zu unserer Erlösung. Ich gab dem Kellner zu wenig Trinkgeld, Oberkellner und Weinkellner vergaß ich total, stürzte fast zur Tür und befand mich endlich an der frischen Luft an der Ecke Park Avenue und 57. Straße.

Und dann begann mein Haß zu schwelen, Rauch wurde zu Feuer und ich schwor mir – mit einer Vehemenz, wie nur die Jungen sie kennen – abzurechnen. Abzurechnen mit einem Restaurant! Stellen Sie sich das mal vor!

Mir war sofort klar, da an der 57. Straße, wie ich vorzugehen hatte: Ich mußte alles über die Weine lernen. Ich mußte mich auf das nächste Treffen mit dem Weinkellner vorbereiten. Wenn ich auch vielleicht wenig Verstand hatte, so hatte ich doch eine Menge Energie. Ich las und studierte. Ich ging zu Weinkostproben und schlich mich überall ein, wo ich die eleganten – aber auch die mittelmäßigen – Weine dieser Welt probieren konnte.

Die Zeit verging. Ich probierte ein paar gute Restaurants aus; ich gewann an Selbstsicherheit. Le Pavillon überragte immer noch alles wie das Matterhorn, aber ich wußte, daß es nur eine Frage der Zeit war.

Sieben Jahre später, geschult, ruhiger und gestählt wie ein Boxer vor dem Hauptkampf, war ich soweit.

Wir kamen an. Ich erinnere mich noch genau an jede Einzelheit. Man führte uns zum Tisch. Die lavendelfarbene Jacke nahm die Bestellung auf; die grünen Jacken servierten. Die schwarze Jacke war der Weinkellner. Er trug seine Kette mit Tastevin-Emblem; er war sieben Jahre älter.

Wir bestellten Cocktails und man brachte sie in großen Burgundergläsern. Als wir daran nippten und uns das Menü überlegten, fragte uns der Weinkellner nach unserem Wunsch. »Ich möchte bitte die Weinkarte sehen«, sagte ich. Der Moment war gekommen.

Ich muß vorausschicken, daß ich jeden Wein auf der Karte kannte. Ich kannte das Jahr und den Weinbauern und die Traube und noch viel mehr als ein vernünftiger Mensch je zu wissen braucht. Ich wußte auch, was die exquisiten Flaschen waren, solche Flaschen, die vielleicht in einem unbedeutenden Jahr als hervorragend galten. Oder solche, die in einem hervorragenden Jahr unter Preis angeboten wurden. Kurz und gut, ich wußte, mit welchem Wein ich beim Weinkellner den größten Eindruck schinden könnte. Und so einen würde ich partout bestellen! Wird es ein 55er Cos d'Estournel sein? Nein, übersetzter Preis. Ein 58er Bonnes Mares? Vielleicht – das Jahr wurde unterschätzt, der Preis hielt sich im Rahmen, der Weinhändler erstklassig. Ich ging durch die Liste und stieß schließlich auf einen 52er Pétrus, mindestens acht oder neun Dollar billiger als er sein sollte. Die 52er fingen gerade an, sich zu entfalten. Es war ein sonderbares Jahr gewesen, die Weine waren reich an Tannin und reiften langsam. Der Pétrus war wahrscheinlich ein paar Jahre reifer als sein Gegenstück in Bordeaux. Er war einmalig.

»Den 52er Pétrus«, sagte ich ziemlich trocken.

Er war verblüfft. Das sah man. Er hatte mich auf einen Beaujolais eingeschätzt.

Es war ein wunderbares Gefühl – erst recht nach sieben Jahren Wartezeit.

»Den 52er Pétrus«, wiederholte ich.

Ich gab ihm die Karte zurück, und in dem Moment passierte etwas Eigenartiges: In meinem Kopf begann sich alles zu drehen. Von dem einen Cocktail kann das nicht sein, dachte ich. Ich konnte sonst drei Cocktails zum Essen trinken, wenn ich nicht auch noch Wein nahm. Dann ließ ich den Tag noch einmal Revue passieren: Sehr viel Streß und keine Zeit fürs Mittagessen. Meine ganze Nahrungsaufnahme hatte aus einem Glas Orangensaft und zwei Tassen Kaffee bestanden.

Der Alkohol traf auf einen nüchternen Magen und tanzte zwischen meinem Kopf und meinem Magen umher.

Die Vorspeise wurde serviert. Eigentlich war mir gar nicht danach, aber ich dachte, es würde helfen. Außerdem mußte ich sowieso dafür zahlen. Sie dürfen nicht vergessen, ich mußte es mit dem Le Pavillon aufnehmen.

In meinem Kopf drehte sich alles und langsam setzte auch die unvermeidliche Übelkeit ein. Würde sie die Oberhand bekommen? Ich trank etwas Wasser, aß ein Stück Brot und kämpfte verzweifelt gegen den Brechreiz an. Es wäre schade, den Kampf jetzt aufzugeben – und eine Tragödie, ihn wegen solch eines Formfehlers zu verlieren.

Natürlich hatte ich den Pétrus längst vergessen. Wie ich dasaß und nicht recht wußte, ob ich nun umfallen oder wieder fit sein würde, tanzten plötzlich so siebzehn Typen in verschieden farbigen Jacken vor mir und der Weinkellner brachte den Schatz im Korb.

»Soll ich ihn aufmachen und atmen lassen?« fragte er. Nur schon der Anblick brachte mich ins Wanken. Auch nur ein Glas zu trinken, war unmöglich. Ich hätte mich ja damit zufrieden ge-

geben, bloß die Mahlzeit zu überstehen.

Aber da stand er nun, der Weinkellner, mein Feind: zurückhaltend, respektvoll und reuig. Die Lage war zum Verzweifeln: Wenn er den Wein einschenkt und ich ihn nicht trinke, würde ich verlieren. Wenn er ihn einschenkt und ich ihn doch trinke, müßte man einen Arzt holen; auch dann würde ich verlieren. Und wenn sie den Wein nach dieser ganzen Inszenierung nicht einschenken würden – falls ich ihn ungeöffnet zurückgehen lasse – wäre das die blamabelste Lösung.

Die Entscheidung fällte nicht mein Kopf, sondern mein Magen.

»Nehmen Sie ihn zurück«, murmelte ich.

»Zurück?« Er war sprachlos. Die goldenen Jacken sahen zu den lavendelfarbenen. Sie konnten nur ihre Köpfe schütteln.

Ich machte eine abweisende Handbewegung. Irgendwas, um ihn loszuwerden. »Ich habe es mir anders überlegt«, sagte ich. Mir fiel nichts Besseres ein.

Er starrte mich an, räusperte sich und war sich sofort klar, daß ich eben doch ein Beaujolais-Typ war. Er ließ sich nicht mehr in unserer Nähe blicken.

Das war ein K. o. in der ersten Runde. Sieben Jahre Studium und ich schaffte es nicht einmal in die zweite Runde. Es war eine entsetzliche Demütigung.

Später meinte jemand, ich hätte doch gewonnen. Im Le Pavillon eine Flasche 52er Pétrus zurückgehen zu lassen, ist der größte Coup. Das klingt zwar gut, und ich möchte gern daran glauben, aber diese Auslegung hält meiner Kritik nicht stand.

Die Wahrheit ist, daß man mit dem Le Pavillon einfach nicht abrechnen kann. Bevor weitere sieben Jahre vergangen waren, schloß das Restaurant, und ich kann mich nicht mehr revanchieren. Wenn ich jetzt an der Ecke Park Avenue und 57. Straße vorbeigehe, nehme ich Kampfstellung an und fordere den Feind auf, sich zu stellen. Aber die Mauern bleiben stumm, und sogar ich weiß, daß sich so nur ein Narr aufführt.

Dier richtigen Ausdrücke: Bukett, Geschmack und Farbe

Wein hat seinen eigenen Wortschatz, und der ist für den Weinsnob unentbehrlich. Genauso wie der Tennisfanatiker von Topspin-Lobs spricht und Adidas mit Nikes vergleicht, muß sich der Weinsnob ein eigenes Vokabular zulegen.

BUKETT
Man kann an einer Rose riechen und den Duft eines exquisiten Parfums beschreiben; beim Wein geht das nicht. Wein hat weder Geruch noch Parfum noch Duft – Wein hat ein Bukett. In ausgesprochen versnobten Kreisen hat Wein eine Nase; so spricht man allerdings nur unter Eingeweihten.

Nachdem sich der Weinsnob dann eine Weile über das Bukett ausgelassen hat, geht er zu spezifischen Charakteristiken über. Es ist unbedingt notwendig, die passenden Eigenschaften von den unpassenden zu unterscheiden. Wenn Sie z. B. glauben, daß das Bukett eines Weines etwa einem Chanel Nr. 5 ähnelt, so sollten sie diese Meinung lieber für sich behalten. Weine lassen sich am besten mit dem Duft von Blumen, Kräutern, Gewürzen und Hölzern vergleichen. Am überzeugendsten aus dieser Palette ist das Veilchen. Sie werden mit Sicherheit als arrivierter Weinsnob eingestuft, wenn Sie Veilchenduft in einem Rotwein wahrnehmen. Sonst kommen auch schwarze Johannisbeeren, Zedern und Vanille in Frage – und zwar in dieser Reihenfolge. Sie müssen Ihre Empfindungen natürlich mit dem nötigen Getue vortragen. Vor allen Dingen müssen Sie sich überzeugt geben, denn wer kann Ihnen da schon widersprechen? Die anderen können höchstens sagen, daß sie den Veilchenduft nicht empfinden, was wiederum von ihrer mangelnden Erfahrung Zeugnis ablegt und sie sich entsprechend klein vorkommen.

GESCHMACK

Es ist schon schwer genug, den Geschmack eines Weines zu beschreiben, und noch schwerer, wenn man den Snob-Appeal dabei ausspielen will. Hier eine goldene Regel: Wenn die Beschreibung auch für Speisen zutreffen könnte, ist sie für Wein nicht geeignet. Roastbeef können Sie als »köstlich« bezeichnen, und das sollte Ihnen Warnung genug sein, »köstlich« nicht in den Mund zu nehmen, wenn der Wein serviert wird.

Ein ausgezeichnetes Weinwort ist »groß«. Das überrascht, weil »groß« eigentlich ein recht unelegantes Wort ist. Der Weintrinker hat aber Gefallen daran gefunden, und wenn ein kräftiger Rotwein angeboten wird, können Sie ihn ruhig als groß bezeichnen und sich damit in der Tischrunde behaupten. Weißwein kann auch als groß tituliert werden. Hier ist aber Vorsicht geboten, weil die Beurteilung heikler ist und mehr Erfahrung braucht. Wenn Ihnen jemand mit »groß« zuvorkommt, während Sie die Speisekarte noch ansehen, können Sie auf »körperreich« ausweichen. Die Wörter sind fast austauschbar. Sie verbinden sich so mit dem anderen Weinsnob am Tisch, und obwohl Sie nun einen Partner haben, können Sie sich den andern gegenüber als Herr und Meister geben.

»Finesse« ist auch ein ideales Wort für Weine. Erstens kann man das nur schwerlich widerlegen und zweitens klingt es dazu noch elegant. Mit dieser Bezeichnung beschreibt man Weine, die sich durch Ausgewogenheit, Feinheit und Harmonie auszeichnen. Es kann für Rot- oder Weißweine eingesetzt werden und ist ein äußerst aussagekräftiges Adjektiv.

Es gibt natürlich auch »Tabu-Wörter«. Gelegentlich werden Sie auf Weinsnobs stoßen, die elegante und charaktervolle Weine mit »Zucht« und »Rasse« beschreiben. Das sind die unsicheren Genossen, die sich mit ihrer vermeintlich weltmännischen Art zu weit vom Boden der Realität entfernen. Als Weinsnob dürfen Sie zwar die Nase recht hoch tragen, aber Sie müssen mit beiden Füßen auf der Erde bleiben!

FARBE

Die Farbe ist eine wichtige Eigenschaft beim Wein und dient oft als Gegenstand ernsthafter Diskussionen unter Weinfreunden. Ein Anfänger muß deswegen die richtigen und die falschen Farbbezeichnungen kennen.

Rotwein hat im allgemeinen eine rubinrote Farbe, und so darf man ihn auch benennen. Die oberste Sprosse auf der Erfolgsleiter haben Sie erreicht, wenn Sie das Glas gegen das weiße Tischtuch halten, um so die Farbtiefe zu beurteilen. Die zweite Möglichkeit – allerdings auch eine ausgesprochen zweitklassige dazu! – ist, das Glas gegen das Licht zu halten. Auf Weinkostproben können Sie so die Arrivierten von den Möchtegerns unterscheiden: Wer hält sein Glas an den Tischrand und wer gegen den Kronleuchter?

Sie können die Farbe eines Rotweins als intensiv oder rubinrot bestimmen. Die Farbe eines Weißweins sollten Sie so beschreiben, wie Sie ihn sehen: stroh- oder bernsteinfarben oder hell mit leichtem Grünschimmer. Der letzte Farbton trifft hauptsächlich auf Chablis und Pouilly-Fumé zu, und die Tischrunde wird Ihnen ob dieser Beschreibung große Anerkennung zollen.

Natürlich kann man bei diesen Farbangaben auch völlig daneben greifen. Ein angehender amerikanischer Weinsnob hat einmal in einer britischen Zeitschrift einen Artikel gelesen, wo einem Burgunder die Farbe eines purpurnen Talars zugesprochen wurde. Diese Wendung imponierte unserem Novizen so sehr, daß er sie anläßlich seiner ersten Weinprobe in New York anbrachte. Eisiges Schweigen war die Antwort der Anwesenden, und der junge Mann mußte notgedrungenermaßen nach Cincinnati umziehen. »Talar« ist in Amerika also absolut unmöglich. Sie müssen Ihren Wortschatz auf die Kreise abstimmen, in denen Sie Fuß fassen wollen.

Komplexität, Ausgewogenheit und Finish

Bukett, Geschmack und Farbe ist absolut stilsicheres Weinvokabular – bis Reginald auf der Bildfläche erscheint. In Reginalds Gesellschaft nimmt die Sprache eine andere Ausdrucksweise an. Wahrnehmungen, die sich auf Geschmack und Farbe beziehen, sind zwar nicht abwegig, werden ihn aber nur kurz aufmerken lassen. Der angehende Weinsnob tut also gut daran, wenn er feinere Nuancen wie »Ausgewogenheit« und »Komplexität« in Betracht zieht. Lassen Sie sich nicht verunsichern; keiner weiß, was Komplexität bedeutet – und Reginald weiß sonst alles!

Gelehrsamkeit hin oder her, ein Wort wie »Komplexität« lebt im zwielichtigen Bereich der Weinfachsprache. Wenn Sie eine Aussage über die Niederschlagsmenge im Jahre 1975 in Chablis wagen, wird sie bestimmt von einem Weinneurotiker angezweifelt, der vor Ort war und sie gemessen hat. Mit »Komplexität« kann Ihnen das nicht passieren. Das ist auch der Grund, warum in den höheren Gefilden des Weinsnobismus jeder Wörter wie Komplexität, Ausgewogenheit und Finish benutzt. Diese Ausdrücke sollen durch ihre Zweideutigkeit Fachwissen vorgaukeln. So ist aber diese Sprache, und Sie tun gut daran, sie sich anzueignen.

Komplexität

Unter diesem Wort versteht man, daß die Struktur des Weines keine einfache ist. (»Struktur« ist übrigens auch nicht schlecht, wenn Reginald in Hörweite ist.) Es bedeutet, daß der Wein nicht gleich »abzuschmecken« und einzuschätzen ist, sondern vom Prober schon etwas Erfahrung und Know-how verlangt. Ein komplexer Wein ist wie eine komplexe Symphonie. Tschaikowski kann einem schon beim ersten Hören gefallen; bei Mozart braucht es doch etwas mehr Hingabe und Konzentration. So wie es bei Melodien diese Vielschichtigkeit gibt, trifft das auch bei Weinen zu. Klar, oder?

Ausgewogenheit

Diese wichtige Bezeichnung bedeutet, daß alle Komponenten – die Traube, der Säuregehalt, das Tannin, der Zucker – in Harmonie verschmelzen. Zum Glück ist nirgends festgelegt, was so ein »Harmoniezustand« eigentlich ist. Deswegen kann man einen Wein auch als unausgewogen bezeichnen, ohne vorher eine schriftliche Beglaubigung der Handelskammer in Bordeaux eingeholt zu haben.

Wein schmeckt manchmal säurereich, manchmal dünn; beides sind Indikatoren, daß der Wein nicht ausgewogen ist. Wenn Sie auch nicht recht haben sollten, so heimst Ihnen diese Bemerkung bei Reginalds Anhängern Respekt ein.

Finish

Dieses wunderschöne Wort haben die Weinsnobs für sich in Anspruch genommen, um den »Nachgeschmack« zu beschreiben. Wer kann es ihnen verübeln? »Nachgeschmack« ist ein recht nüchternes Wort, bei dem man an Medizin denkt. Eigentlich handelt es sich da auch um das gleiche Phänomen: Mit Finish meint man schlicht und einfach den Geschmackseindruck, der nach dem Runterschlucken im Mund bleibt.

Wenn der Geschmack gleich verschwindet, spricht man von einem »kurzen« Wein. Dagegen spricht man von einem »langen« oder »anhaltenden« Finish, wenn die Geschmacksempfindung bleibt und den Mund zu füllen scheint. Die allgemeingültige Faustregel lautet: Je besser der Wein, desto anhaltender das Finish. Ein weiteres Wort also, mit dem Sie jonglieren können. Der angehende Weinsnob darf aus der Tatsache, daß fast alle Bonnes Mares oder Musigny zu den Weinen mit langem Finish gezählt werden können, nicht den Schluß ziehen, daß Beaujolais als Wein mit kurzem Finish zu bezeichnen ist. Ein Beaujolais muß nämlich ein kurzes Finish haben.

Von Komplexität, Ausgewogenheit und Finish spricht man in den besten Kreisen. Derartige Beschreibungen werden nicht in Frage gestellt. Man kann Sie damit nämlich nicht festnageln. Dafür sind die Ausdrücke einfach zu persönlich, zu individuell. Machen Sie von diesem Fachchinesisch bedenkenlos Gebrauch, wenn Sie es mit jemandem zu tun haben, der unser Reginald sein könnte.

Die fünf »In«-
Weine der Welt –
und einige, die es
nicht sind

Letzte Woche traf ich an einer dieser mondänen Cocktailpartys
zufällig wieder auf Reginald. 1962 hatte Reginald zehn Kisten
59er Château Latour eingelagert. Acht Dollar hatte er für die
Flasche bezahlt, die dann auf 250 Dollar kletterte. Das sicherte
ihm natürlich einen enormen Auftritt bei den Cocktailpartys. Einige Gastgeber hegen allerdings den stillen Wunsch, Reginald
möchte ein paar dieser Flaschen mitbringen.

Da Reginald der Hohepriester unter den Weinsnobs ist, wird er
von den Novizen gern um Rat gefragt, was momentan die INS
und OUTS sind. Ebensowenig wie die Rocklänge von einer Sai-
son zur nächsten konstant bleibt, ist auch der Beaujolais auf
Grund seiner letztjährigen Top-Position dieses Jahr nicht unbedingt wieder aktuell.

Klar, daß ich nicht den gleichen Rang einnehme wie Reginald,
das tut schließlich keiner. Deswegen muß ich jede Gelegenheit
wahrnehmen, um am Ball zu bleiben.

»Es gab Zeiten, da waren die Bordeaux IN und die Kalifornier
OUT«, sagt Reginald, »und diese Klassifizierung setzte dann
auch so ziemlich den Standard bei der Einschätzung einer Person. Die Preise für französische Weine haben nach ihrem Wel-
lenritt allerdings eine Sturzflut erwischt.« (Reginald erzählt sehr
anschaulich.) »Zur gleichen Zeit machten Gerüchte ihren Um-
lauf, wonach der Ursprung gewisser Weine zweifelhaft war. Al-
gerien habe zwar viel Wein verschifft, aber nicht viele Flaschen
mit algerischen Etiketten. Ein Skandal sicherlich, und Skandale
sind dem IN-Sein abträglich.«

Ich hatte auf eine kurze Antwort gehofft – gerade genug, um damit Eindruck machen zu können – aber Reginald hält nichts von »richtig« oder »falsch« bei Weinfragen.

»Den französischen Weinen ging es schlechter«, fuhr er fort, »und die kalifornischen Weinkellereien machten sich allmählich. Blindproben gegen die besten weißen Burgunder wurden von David Bruce und Freemark Abbey gewonnen. Man konnte die kalifornische Weinclique nicht länger ignorieren.«

»Das ist ja alles sehr interessant, Reginald, aber vielleicht könntest du mir einfach eine Liste der INS und OUTS geben. Dann wüßte ich sofort, welche Leute tonangebend sind und wen ich links liegen lassen sollte.«

Reginald reagierte etwas gereizt auf die Frage. Er gab allerdings zu, daß eine Norm wohl immer noch existierte, aber nicht mehr unumschränkt gültig war. Kalifornische Weine seien nicht mehr entweder IN oder OUT. Das gleiche galt für die französischen. Das IN-Sein müßte also selektiver beurteilt werden.

Auf mein Drängen hin räumte Reginald dann doch ein, daß sich anläßlich geheimer Weinproben bei der Wine und Food Society, dem Chaîne des Rôtisseurs und dem Palm Restaurant eine IN- und OUT-Liste ergeben hat. Eine nicht minutiös eingehaltene Befolgung von Reginalds Liste könnte das Ende jeglicher gesellschaftlicher Anerkennung von New York bis Kansas City bedeuten.

Dies sind laut Reginald die IN-Weine:

1. *Château Lafite-Rothschild.* Lafite ist IN, war es immer und wird es immer sein. Er ist ein Klassiker wie Wedgwood oder Baccarat. Er überlebt Preisschwankungen, Gerüchte und die wechselnde Mode. Vor hundert Jahren war er der beste französische Bordeaux und ist es wahrscheinlich auch heute noch.

Machen Sie nicht den Fehler und glauben, daß der Lafite bei den sagenhaften Preisen OUT ist. Glauben Sie ja nicht, daß so etwas Luxuriöses wie eine 250-Dollar-Flasche nicht IN sein kann. Lafite ist das für Weine, was Lutèce für die Küche oder Rolls-Royce für Autos ist. Lafite sitzt auf der höchsten IN-Stufe.

2. *David Bruce* ist unwahrscheinlich IN. Das gleiche Prädikat verdienen viele kleine kalifornische Weinkellereien wie Freemark Abbey und Trefethen. In den letzten fünf Jahren konnten

sich diese Kellereien gegenüber den großen französischen Weingütern behaupten. Man muß nicht unbedingt Chauvinist sein, um sich über den Blindproben-Sieg eines David Bruce über einen Chassagne-Montrachet oder einen Corton-Charlemagne zu freuen. Es ist der Triumph des kleinen Mannes; eine kleine Ohrfeige für die Arroganz und Hierarchie von Bordeaux und Burgund. Die weltberühmte Geschichte von David und Goliath und noch dazu ein sicheres Zeichen für das IN-Sein.

3. *Beaujolais* fährt gern das IN- und OUT-Karussell, zur Zeit läuft für ihn die IN-Runde. Er hat nicht den Stammbaum eines Lafite-Rothschild und sitzt daher nicht so fest im Sattel. Beaujolais ist mehr ein Modewein. Das soll nicht heißen, daß er nicht auch ausgezeichnet sein kann, sondern nur, daß er eben kein klassischer Wein ist.

Neuerdings ist es ziemlich chic, als erster den Nouveau Beaujolais zu probieren. Es ist ein recht albernes Rennen, bei dem es darum geht, den Wein von der Rebe im Burgund bis zum Pariser Restaurant in weniger als sieben Minuten zu befördern. Man macht viel Wirbel darum, obwohl es eigentlich eher mit einem Grand Prix-Rennen zu vergleichen ist, als mit ernsthaftem Weintrinken. Die Schickeria ist dennoch dabei – und wer bin schon ich, wenn es um Mode geht? Beaujolais ist also wieder dabei; Sie können ruhig widersprüchliche Meinungen als ungehobelt oder schlecht informiert ad acta legen.

4. *Spanischer Rioja* ist IN. Dieser sanfte und elegante Rotwein nimmt es auf seine bescheidene Art mit den besseren Bordeaux auf, und dazu noch zum halben Preis. Sie können einen Marqués de Riscal mit Jahrgang für ganze fünf Dollar kaufen. Sein Gegenspieler gleicher Qualität aus Bordeaux – ein Beycheville oder ein Gruaud-Larose vielleicht – wäre zehn Dollar. Und keinen Deut besser. Der Rioja konnte vor etwa drei Jahren bei den Weinkennern Fuß fassen, als die Preise für französische Weine astronomische Höhenflüge machten. Der Wein gilt als weich und warm mit einem feinen Aroma. Aus irgendeinem Grund findet der Rioja nur eine kleine Anhängerschar, was auch eine Auszeichnung beim IN-Sein ist.

5. Was glauben Sie, ist der weltberühmte IN-Weißwein? Viel-

leicht der großartige Montrachet – der beste trockene Weiße überhaupt – oder vielleicht die deutsche Trockenbeerenauslese? Falsch geraten! Der Sieger ist der *Château d'Yquem.* Yquem ist ein Sauternes, ein Dessertwein – überaus schwer und süß, aber nicht überladen. Es ist eine eigenartige Mischung von Intensität und Eleganz. Yquem ist wohl zu gut, als daß man ihn zu irgendeinem Essen trinken sollte; am besten serviert man ihn hinterher. Der Besitzer, der Graf von Lur-Saluces, empfiehlt ihn zu Gänseleber. Irgendwann, wenn mir mal so richtig nach Extravaganz ist, werde ich sehen, ob er recht hat.

Diese Weine sind OUT:

1. *Rhein- und Moselweine*, mit der Ausnahme von Trockenbeerenauslese, sind OUT. Eine Trockenbeerenauslese ist IN, besonders, wenn man auch als Ausländer das Wort richtig aussprechen kann.
Rheinweine und Moselweine sind aus folgenden Gründen OUT:
a. Sie tendieren Richtung süß, während alle Welt auf trockene Weine steht.
b. Die Etikettenbeschriftung ist verworren und kompliziert.
c. Sie haben für ein internationales Publikum die falschen Namen. Ich streite nicht ab, daß ein Geisenheimer Mönchspfad oder ein Eltviller Langenstück eine bestimmte, eigenartige Melodie hat. Aber wenn man zu denjenigen gehört, die bei diesen Namen vielleicht über die Aussprache stolpern könnten, überlegt man sich eine Bestellung eher zweimal. Von diesen Gründen abgesehen gehören sie auf die IN-Liste.

2. *Châteauneuf-du Pape* ist OUT-OUT-OUT! Er war nie IN. Es ist ein guter, wenn auch etwas rauher Wein aus dem Rhônetal in Frankreich. Obwohl er den besten Namen in ganz Europa hat, gelingt ihm der Durchbruch in die IN-Kreise nicht. Wahrscheinlich liegt es am Namen: eine seltene Kombination von Poesie und Eigenartigkeit, die an sich zum Zuge kommen müßte. Man behauptet von diesem Wein – zu recht! –, daß er wegen seines Namens getrunken wird. Wie kann dies ein Kriterium für die IN-Liste sein?

3. *Soave Bolla* ist ein ausgesprochen beliebter Wein, vor allem bei Leuten, die glauben, es handle sich um einen Weinnamen.

Der Wein heißt Soave nach dem Fluß. Verschiedene Weinkellereien füllen ihn auf Flaschen ab. Die Firma Bolla hat es geschafft, einem Soave ihren Namen als Marke praktisch anzuhängen, ähnlich wie man es bei Kleenex kennt. Gute Verkaufsstrategie, aber nicht gerade IN. Soave Bolla ist gar kein schlechter Wein, besonders wenn man sich auf die Italiener beschränkt, die meist ein bißchen rauh sind.

4. *Mouton Cadet* – ein Weinverschnitt mit den höchsten Verkaufszahlen bei rotem Bordeaux – führt die OUT-Liste an. Nicht genug, daß es nur ein mittelmäßiger Wein ist, die Werbung spiegelt einem auch noch vor, daß es sich bei diesem Wein um eine Schloßabfüllung mit einem Stammbaum wie bei Mouton-Rothschild, Margaux oder Lafite handelt. Natürlich glaubt das niemand von einem vier oder fünf Dollar kostenden Wein – aber die Vorstellung liegt in der Luft. Wenn ideenreiche Verkaufspolitik, aggressive Geschäftstüchtigkeit und Umsatz einen Wein IN machen würden, wäre Mouton-Cadet ganz oben auf der Liste zu finden. Er ist aber ganz unten anzutreffen.

5. Ich bin immer ein bißchen traurig, daß *Rosé* OUT ist; im geheimen hoffe ich immer, daß er im nächsten Jahr den Preis für Eleganz gewinnt. Es geht mir beim Rosé wie mit Woody Allen – ich wünsche ihm den Durchbruch. Rosé hat nie etwas anderes sein wollen, als was er ist: ein leichter, bescheidener Mittagswein, eventuell auch fürs Picknick, ohne Komplexität, ohne Feinheit – eben ohne Eleganz. Leider könnte man auch sagen, ohne Geschmack und ohne Charakter; ein fader, langweiliger Wein, der nicht einmal zum Mittagessen die beste Wahl ist. Unter diesen begrenzten Umständen ist es natürlich schwierig, IN zu sein, und Rosé gehört wirklich nicht dazu. Um ganz ehrlich zu sein, lohnt es sich auch nicht, gebannt auf die nächste Bestseller-Liste zu warten.

So, jetzt wissen Sie Bescheid. Das ist Reginalds IN- und OUT-Liste. Sorgfältige Beachtung der Liste und gelegentlich eine Flasche Château d'Yquem ist Gewähr für eine Einladung zu den Beautiful-People-Partys. Sonst müssen Sie abends zu Hause bleiben und in die Röhre gucken.

Jahrgänge

So wie es Fußballfans gibt, die Franz Beckenbauers Karriere genau verfolgt haben und jedes Tor aufsagen können, gibt es auch Weinfanatiker, die sich die Veredelungs- und Beschneidungstechniken in Napa Valley oder den Kalkgehalt im Chablis-Boden einprägen. Beide Kategorien übertreffen bei weitem, was jeder normale Mensch über Fußball oder Wein wissen sollte. Belanglosigkeiten haben im Snobismus nichts zu suchen. Wenn Sie über Okuliertechniken fachsimpeln – auch wenn es sich im eingeweihten Kreis abspielt – kommen bald immer weniger Gäste zu Ihren Einladungen.

Bei Jahrgängen muß sich der Weinsnob allerdings auskennen. Der Jahrgang eines Weines bezieht sich auf das Jahr der Kelterung, also das Jahr der Traubenernte. Jeder angesehene Weinsnob sollte alle Jahrgänge ab 1950 im Kopf haben.

Der Weg auf der Erfolgsleiter kann aber auch einem Pulverfaß gleichen: Ein Zuviel an Daten kann wie Zunder wirken.

Was soll, was darf der aufgehende Stern am Weinhimmel also zu den Jahren von 1950 bis zur Gegenwart sagen?

1961 – Unter Weinkennern wäre es ein faux pas, 1961 als großartig einzustufen. Das wäre so, als ließe man verlauten, Michelangelo habe die Sixtinische Kapelle gemalt. Der Hinweis, daß die 61er Burgunder den 61er Bordeaux das Wasser nicht reichen können, ist nicht schlecht. Eindruck machen Sie auch mit der Bemerkung, daß Château Palmer – ein ausgezeichneter Wein übrigens, aber im allgemeinen nicht mit Lafite oder Latour zu vergleichen – wohl den besten 61er überhaupt hervorgebracht hat.

1952–1953 – Diese beiden aufeinanderfolgenden Jahre brachten (und bringen immer noch) dem Liebhaber – besonders denen von Bordeauxweinen – viele glückliche Stunden. Es waren nicht einfach zwei großartige Jahre; jedes hatte seinen individuellen Charakter. Die 52er fingen als harte Weine an, reich an Tannin. Sie blieben es bis etwa Mitte der sechziger Jahre, viele von ihnen bis in die siebziger. Der 53er Jahrgang dagegen war von Anfang an weich und die Weine schon Ende der fünfziger Jahre

köstlich. Ende der siebziger Jahre ließen die meisten allerdings schon nach.

1970 – Ein bemerkenswertes Jahr. Wenn 1961 das beste der letzten dreißig Jahre für Bordeaux war, könnte 1970 das zweitbeste sein. Es ist noch ein bißchen früh, um das zu sagen. Sie

gehen hier mit jedem Wein auf Nummer Sicher, außer mit einem Latour oder Mouton-Rothschild. Die brauchen noch eine Weile. 1950–1958–1967 – Das waren die unerkannten Jahre für Bordeaux. Jahre, die feine Weine hervorbrachten, denen man aber nicht den gebührenden Respekt zollte. Das Jahr 1950 wurde gleich von den Zweiundfünfzigern und Dreiundfünfzigern überschattet, 1958 von den Neunundfünfzigern und Einundsechzigern. 1967 gehörte zu den Jahren, die nicht überall gute Weine hervorgebracht haben, sondern nur an einigen Orten. Solches Wissen bildet den Grundstock für das Ansehen eines Weinsnobs. Einige von Ihnen glauben vielleicht, daß diese Auswendiglernerei der 30 Jahrgänge ein überhöhter Preis ist, um als Insider anerkannt zu werden. Ihre Trägheit ist bedauerlich, aber es gibt einen Ausweg aus diesem Dilemma. Sie können eine dieser Jahrgangstabellen mit sich rumtragen. Die Tabelle bewertet auf einer Skala von 1 bis 20 jeden Wein in jedem Jahr. Natürlich darf es nicht irgendeine Liste sein; Sie müssen schon *die* Liste nehmen. Taillevent hat sie zusammengestellt, das von Craig Claiborne als »das beste französische Restaurant in Paris« bezeichnet wurde. Eines Tages werden Sie in einem Restaurant zwischen einem 1964er und einem 1966er roten Bordeaux vor die Wahl gestellt. Sie können sich bei diesen Jahren an gar nichts mehr erinnern und Ihr Ruf scheint sich auf der Stelle in Luft aufzulösen. Da können Sie es so wie Popeye machen, der – von Pluto provoziert – zum Spinat griff und sich verwandelte. Sie ziehen Ihre Taillevent-Tabelle aus der Tasche und reichen Sie jemandem mit einem leicht gelangweilten Gähnen: »Sieh mal nach.«
Schreiben Sie an: Taillevent, 15 rue Lamennais, 75008 Paris, Frankreich.

Benimm-Regeln

Fast jeder kann Wein trinken. Die Frage ist aber: Wie halten Sie das Glas? Wenn Sie mit »Rechts oder Links« antworten, wartet man schon in der nächsten Vorstadtkneipe auf Sie.

Man umklammert das Glas nicht mit den zwei Fäusten – es sei denn, man schlürft gekühlten Chianti aus einem Krug. Das wiederum ist so vulgär, daß es für eine Doktorarbeit über den Weinsnobismus kein Thema ist.

Wenn es *Wein* ist, was Sie trinken, sollten Sie die vier Möglichkeiten kennen, wie man das Glas hält.

Am Kelch

Es gilt als unschicklich, den Kelch zwischen Daumen und Zeigefinger zu halten – außer man ist in der tiefsten Provinz. So hat man zwar das Glas fest in der Hand, hinterläßt aber Fingerabdrücke am Kristall und überträgt die Wärme der Finger auf den Wein. Außerdem sieht es nicht besonders vornehm aus, und Vornehmheit sollte ein besonderes Anliegen des Weinsnobs sein.

Den Kelch in der Hand ruhen lassen

So riecht man am Cognac; sonst darf man das Glas nur dann so halten, wenn der Wein zu kalt serviert wird. In diesem Fall weist es auf einen kritischen Gaumen hin und zeugt von Ihrer Ablehnung, Kompromisse einzugehen. Rotwein wird ja oft zu kalt serviert, und so können Sie dem Oberkellner eindeutig zeigen, was Sie davon halten. Bei einer privaten Einladung ist diese Geste natürlich unmißverständlich für den Gastgeber. Daran sollten Sie denken, falls Ihr Kalender noch eine irritierende Strecke leerer Tage aufweist.

Am Fuß

Es gibt Weinfanatiker, die ein Glas mit großer Geschicklichkeit zwischen Daumen und Zeigefinger am Fuß halten können und dabei den Inhalt immer noch unter Kontrolle haben. Die Leistung ist bemerkenswert: Der Daumen ruht oben auf dem Fuß,

der Zeigefinger gekrümmt darunter, und das Glas scheint in der Luft zu schweben. Eine ganze Reihe praktizierender Weinsnobs versuchen das seit Jahren, allerdings in der Regel ohne allzu großen Erfolg bisher. Wie beim Auerbachkopfsprung sollte man sich auch hier nur daran wagen, wenn man es absolut elegant beherrscht. Gelingt es Ihnen aber, nehmen Sie unter den Weinkennern gleich einen gehobenen Rang ein.

Am Stiel

So hält man das Glas am besten – es sei denn, man hat Finger wie Van Cliburn. Sicherheit vereint sich hier mit Stil und Eleganz und läßt zudem Ihre Finger nicht mit dem Kelch in Berührung kommen. Manchmal kann man bei Weinproben jemanden beobachten, der den kleinen Finger spreizt. Ich muß Ihnen wohl nicht erst klarmachen, daß es absolut keinen zwingenden Grund gibt, solchen Weinkreisen beizutreten.

Soviel also zum Glashalten. Wie sieht es nun mit dem Glas selbst aus? Es sollte klar sein, damit man die Farbe des Weines beurteilen kann. Ein Glas muß mindestens 2 dl fassen können (halb gefüllt kann sich das Bukett dann gut entfalten). Baccarat-Gläser bekommt man für etwa 15 Dollar, den Satz von acht Gläsern zu 120 Dollar. Dabei sparen Sie zwar nichts, aber eine Eintrittskarte ins Weinsnob-Theater und ein kleines Budget vertragen sich nun mal nicht gut.

Lutèce
als Tummelfeld

Wenn das doch nur von mir gewesen wäre! Es hatte solche Klasse, solche Würde! Wir acht, alles ausgewiesene Gourmets und Anhänger eines guten Tropfens, waren mal wieder bei Lutèce versammelt. An dem besonderen Abend stieß noch Gael Greene dazu. Die Luft schien geschwängert von der hohen Kunst der Angeberei.

»Hast du den 55er Latour probiert?«

»Ja. Sam Aaron hat letzte Woche eine Flasche zu einer Vergleichsprobe mitgebracht. Er war großartig, aber natürlich nicht in der selben Kategorie wie der Fünfundvierziger oder der Einundsechziger. Und da gab es dann noch die Flasche aus dem Jahre 1929.«

In diesem Stil ging es eine Weile weiter; jeder versuchte, Terrain zu gewinnen und Miss Greene schwer zu imponieren. Sie hörte uns zwar höflich zu, aber für diese Albernheiten hatte sie nichts übrig.

Ich hatte mich natürlich wochenlang für diesen Abend vorbereitet und glaubte, meine Sache gut zu machen. Ein falscher Zug in dieser hehren Gesellschaft hieße, in die ewigen Niederungen der Vin-ordinaire-Trinker verbannt zu sein.

Im Laufe des Abends kam jemand auf ein kleines französisches Restaurant zu sprechen, das gerade aufgemacht hatte und als ausgesprochen IN eingestuft worden war. Eine bemerkenswerte Bravourleistung! Ich überlegte mir, wie ich ganz diskret zur Toilette verschwinden könnte, um der naheliegenden Frage »Warst du schon dort?« aus dem Weg zu gehen. Ich konnte mich aber wieder fassen und unser Freund erzählte von dem Wein, der in dem Restaurant serviert worden war, und wie ausgezeichnet er geschmeckt hat – eine ganz besondere Flasche, so etwas wie ein 47er Cos d'Estournel. Wer in aller Welt würde so einen Wein bestellen? Mit dieser Geschichte lief er uns allen den Rang ab! Dann kam's. Der Tischnachbar sagte ganz ruhig zu ihm: »Das war meine Flasche.«

Das packte unsere Aufmerksamkeit. Wie war das möglich? Wie konnte es seine Flasche sein? Sie wurde doch in einem Restaurant serviert.

»Als das Restaurant aufgemacht hat«, erklärte er, »hatte es keine Weinkarte, brauchte aber dringend eine. Es konnte auf dem freien Markt keinen Wein wie einen siebenundvierziger Cos d'Estournel kaufen, ihm fehlte das Geld dazu. Außerdem könnte so ein Wein Jahre in seinem Keller liegenbleiben. Ich kenne den Besitzer gut. Er erzählte mir von seinem Problem, und ich habe ihm einfach angeboten, über meinen Weinkeller zu verfügen. Ich wohne nämlich gegenüber. Seine Weinkarte ist also eine Zusammenstellung meiner ausgesuchten Flaschen. Wenn nun jemand einen 47er Cos oder einen 61er Margaux bestellt, holt ein Küchenjunge bei mir den Wein und zahlt dafür. Sie haben einen Schlüssel. Das ist das wenigste, was ich für einen Freund tun kann, der gerade ein neues Restaurant eröffnet.«

Ich war mir damals sofort (und bin mir auch heute noch) bewußt, daß ich dieser Geschichte in meiner ganzen Weinsnob-Karriere nichts Vergleichbares werde bieten können.

Zweiter Teil

Eric de Rothschild wurde anläßlich einer Weinprobe von Château Lafite-Rothschild Weinen, einschließlich der großen Jahrgänge von 1945 bis zur Gegenwart, gefragt, welchem Jahrgang er den Vorzug gibt.

»1959«, antwortete er, »wenn Sie jungen Wein mögen.«

Das Korken-Zeremoniell 1. Teil

Läßt man den Champagner-Pfropfen knallen oder nicht? Diese weltbewegende Frage teilt die Weingeister; hierbei treten Vater gegen Sohn, Bruder gegen Bruder an.

Der aufstrebende Weinsnob nimmt natürlich an, daß man den Pfropfen knallen lassen muß – das Ereignis verspricht viel Show, viel Extravaganz. Er sieht dieser Gelegenheit mit großer Erwartung entgegen, schüttelt die Flasche leicht, entfernt den Draht, dreht den Pfropfen raus und richtet die Flasche gegen die Decke. Die Flasche ist aber glatt, der Korken widersetzt sich anfänglich und schießt dann mit einer Wucht heraus, an der die Computer auf Cape Canaveral ihre helle Freude hätten. Das Geschoß erwischt den Kronleuchter, prallt vom Schrank ab und schickt mindestens einen Gast zum Augenarzt. Es ist auch schon vorgekommen, daß so ein Champagner-Bolzen ein nettes kleines Loch durch einen Renoir gebohrt oder eine Archipenko-Statue vom Sockel gerissen hat.

Eine kleine Fontäne von Schaum und Gas strömt aus und setzt die Bläschen frei, die eigentlich im Champagner bleiben sollten und nicht das Tischtuch verzieren.

Der Weinsnob-in-spe, besorgt um seinen Auftritt, argumentiert natürlich, daß Champagner ohne die Korken-Knallerei wie Sylvester ohne Feuerwerk ist. Menschliche Reife oder auch ein paar Prozesse werden ihn eines Besseren belehren.

Weinsnobismus verlangt nach einem gewissen Sich-zur-Schau-Stellen, aber nicht nach einem Angriff mit tödlichen Waffen.

Bei der feinen, aristokratischen Art warten Sie auf eine günstige Gelegenheit, wenn alle versammelt sind, und zaubern dann die Flasche hervor. Jeder wartet darauf, den Pfropfen durch die Luft fliegen zu sehen. Ganz diskret legen Sie aber ein kleines Tuch um Flaschenhals und Zapfen, lächeln in die Runde, geben sich geistreich und weltmännisch. Die Gästeschar war zwar auf Sylvester Stallone eingestellt und reagiert etwas enttäuscht, wenn Fred Astaire auftaucht, bleibt aber aufmerksam.

Mit der einen Hand greifen Sie unter das Tuch und fassen den Korken, mit der anderen Hand drehen Sie die Flasche. Der Pfropfen löst sich und wird vom Tuch aufgefangen. Applaus gibt es nicht, aber Erstaunen. *So macht man das also*, werden Ihre Gäste denken. Klar, daß sie vorgeben, es schon immer gewußt zu haben. Snobismus ist eben nicht nur ein Privileg der Weinliebhaber.

Das Korken-Zeremoniell 2. Teil

Die Kontroverse um die Korken bezieht sich nicht nur auf Champagner. Sie sind in einem gediegenen französischen Restaurant und bestellen eine Flasche Château Meyney 1975. Der Oberkellner entkorkt die Flasche mit erheblichem Tamtam und einigen Verrenkungen, die man sonst nur bei Ballettaufführungen zu sehen bekommt. Er legt Ihnen den Korken vor. Was machen Sie jetzt? Riechen Sie daran, drücken Sie ihn, lesen Sie ihn oder schenken Sie ihm gar keine Beachtung?

Letzteres geht wohl nicht, denn warum sollte er den Korken Ihnen sonst vorgelegt haben? Das läßt also nur drei Möglichkeiten:

RIECHEN SIE DARAN? Es gibt verschiedene Gründe, warum Sie das nicht machen sollten. Der eindeutigste Grund: Warum sollten Sie an dem Korken riechen, wenn Sie den Wein probieren wollen? Der zweite Grund: Es ist äußerst schwierig, ein intelligentes Urteil abzugeben – es sei denn, man ist Profi. Wenn der Wein zu Essig geworden ist, merkt man es natürlich. Wenn der Wein aber einfach nur ein bißchen säurehaltig ist, wird man das nicht feststellen können. Und der letzte Grund: Es ist unschön. Der Korken ist häßlich, die Geste ist plump und die ganze Sache grenzt ans Ordinäre.

Glauben Sie ja nicht, daß diese Korkenriecherei ein eleganter und gescheiter Akt ist, der zum Instrumentarium der Weinsnob-Zunft gehört. Auch hier gelten die gleichen Regeln wie für den normalen Erdenbürger: Wenn es keinen Sinn macht, lassen Sie es bleiben.

DRÜCKEN SIE DEN KORKEN? Sie drücken einen Korken aus dem gleichen Grund wie beim Riechen nicht: Das läßt keine Rückschlüsse auf den Wein zu. Es gibt feste, gummiartige Korken, die Säure verschlossen haben und es gibt einige alte, dunkle, bröckelnde Korken, die einen großartigen Wein geschützt haben. Ein Wein kann allerdings durch einen ausgetrockneten Korken verdorben werden. Das ist auch der Grund, warum man die Flaschen legen sollte. Aber ob der Wein schlecht ist, kann nicht beim Korkendrücken festgestellt werden.

Der andere Grund, warum man es nicht machen sollte: Es ist eine Ferkelei, und wer will so etwas schon?

LESEN SIE DEN KORKEN? Sie können ihn natürlich lesen, wenn Ihre Augen das zulassen. Ich habe heutzutage schon mit der Speisekarte Mühe genug. Man kann es aber machen; die guten Flaschen haben Namen und Jahrgang im Korken eingebrannt. Natürlich steht der Name auch auf der Etikette, die Ihnen der Oberkellner schon präsentiert haben wird. Der einzige Grund, den Korken zu lesen, besteht jetzt also darin, ihn mit dem Etikettenaufdruck zu vergleichen. So können Sie sich vergewissern, daß einem mittelmäßigen Wein nicht einfach ein teures Etikett aufgeklebt wurde. Das ist schon vorgekommen, aber wir kümmern uns hier nicht um Fälschungen. Die Weinwirtschaft zu überwachen, geht über die Pflichten eines Weinsnobs. Nochmals zusammengefaßt: Weder riechen, noch drücken, noch lesen wir den Korken. Was machen wir also? Die Antwort ist ganz einfach – nichts. Wenn der Oberkellner mit dem Einschenken wartet, bis Sie irgend etwas mit dem Korken gemacht haben, legen Sie ihn einfach auf die Seite oder in den Aschenbecher. Das zeigt dem guten Mann vielleicht, daß Sie das dumme Ding nicht haben wollen, und er entfernt es schnell. In Tat und Wahrheit weiß er nämlich auch nicht, was man mit dem Korken machen soll.

Ich habe schon viele Oberkellner gefragt, warum sie den Korken vorlegen, und sie alle murmeln etwas von »das ist so üblich« oder »der Gast will es so«. In Wirklichkeit erwartet es aber niemand, will es niemand und es verunsichert jeden.

Den Korken zu präsentieren ist Unsinn – ein Ritual, das von Ober- und Weinkellnern eingeführt wurde. Der Weinsnob hat nichts gegen Rituale an sich. Das WIE beim Weineinschenken beruht ja auf unendlichen Ritualen. Alle haben aber wenigstens einen Anflug von Stil oder Zweck. Einen unansehnlichen Korken aufs Tischtuch zu legen, grenzt ans Absurde.

Der Weinsnob – weder Anführer noch Revoluzzer – sollte den Oberkellner wegen dieses Korken-Zeremoniells nicht konfrontieren; mitspielen wäre aber auch falsch. Rümpfen Sie die Nase in der Leseart von »Nehmen Sie das dumme Ding endlich weg«. Dieser leichte Zug von Verachtung scheint das Richtige zu sein.

Wie man
Blindproben besteht

Was der Roulette-Tisch für den verwegenen Spieler und der Cowboyheld für den Western-Schurken, ist die Blindprobe für den Weinsnob – sie wird ihm immer wieder zum Verhängnis. Den richtigen Wein herauszuschmecken, gehört zu den seltenen, klassischen Leistungen: Der Erfolgreichste trifft ins Schwarze, schießt von der Mittellinie ein Tor, schlägt im Golf ein As. Wer die Probe mit Bravour besteht, gehört als Meister seines Fachs in den önologischen Adel.

Der Weinsnob träumt verständlicherweise von dem Augenblick, wo er darum gebeten wird, den Wein zu identifizieren. Eine andächtige Stille legt sich über den Raum, wenn der Wein eingeschenkt wird. Der Weinsnob greift das Glas zwischen Daumen und Zeigefinger und hält es gegen das weiße Tischtuch, um die Farbtiefe festzustellen. Dann läßt er den Wein behutsam kreisen, riecht daran und probiert ihn sehr, sehr langsam. Das spielt sich alles nur im Traum ab, aber die Bilder tauchen wieder und wieder auf – ähnlich wohl wie bei Pirmin Zurbriggen, der seine Rennen Schwung für Schwung im Video verfolgt.

Die Verkündung erfolgt mit der nötigen Zurückhaltung und doch mit einem Anflug von Arroganz: »Ich glaube, es ist ein Bordeaux, wahrscheinlich ein Margaux. Er gehört zwar nicht in die Château Margaux-Klasse, aber er ist doch ein bemerkenswerter Wein. Ich vermute, es ist ein Château Prieuré-Lichine. Das Jahr? 1974.«

Im Zimmer bleibt es still. Das Tuch wird von der Flasche genommen. Es ist ein Prieuré-Lichine 1974. Die Verwunderung ist groß, man applaudiert dezent.

Das ist die Traumvorstellung eines jeden Weinsnobs. Solche Phantastereien bereiten stundenlanges Vergnügen. Leider sieht die Wirklichkeit anders aus. Jeder Profi wird einräumen, daß so etwas praktisch unmöglich ist.

Der Weinsnob muß sich dieser Tatsache unbedingt bewußt sein,

wenn er nicht zum Gespött der Weinkennerzunft werden will.
»Sie sagen, er hat Prieuré-Lichine 1974 vermutet? Und was war
es?«
»Ein Cabernet aus Argentinien.«
»Ach du meine Güte!«
Alle Anwärter auf den inneren Kreis des Weinsnobismus sollten
sich hinter die Ohren schreiben: nie eine Blindprobe eingehen.

Dafür gibt es vier Gründe:
1. Die möglichen Antworten sind schier unerschöpflich. Auch
wenn Sie sich auf einen roten Bordeaux festlegen können, gibt
es noch Hunderte von Châteaux und Dutzende von Jahren.
2. Sogar, wenn Sie wissen, wie ein Prieuré-Lichine 1974
schmeckt, gibt es veränderliche Größen, die den Geschmack be-
einflussen können. Wie gut wurde er gelagert? Wie lange ist er
schon geöffnet? Manchmal schmeckt ein 74er Prieuré-Lichine
eben nicht wie ein 74er Prieuré-Lichine.
3. Der Gastgeber, bei dem die Probe stattfindet, hat vielleicht
einen untypischen Wein ausgewählt. Sie entscheiden sich für
Prieuré-Lichine 1974 und er enthüllt einen Wein aus Südafrika.
4. Es ist viel schwieriger, einen Wein zu bestimmen, wie man
vielleicht annimmt. Uns wird in einem Restaurant ein 74er
Prieuré-Lichine eingeschenkt und wir stimmen alle zu: So soll
er schmecken. Dabei lassen wir unsere Erwartungshaltung außer
acht – nämlich, daß wir ja schon wissen, um welchen Wein es
sich handelt. Wenn ein Wein verdeckt zur Probe kommt, sieht
die Sache ganz anders aus.
Die Wine and Food Society hat Anlässe arrangiert, auf der Weine ohne Angaben serviert wurden. Die Vermutungen waren immer verhängnisvoll. Als gutes Ergebnis galt schon die Feststellung, daß es sich zum Beispiel um einen italienischen Weißen
handelt – ohne ihn als Soave, Frascati oder Verdicchio einzustufen. Dabei ging es um die Wine and Food Society; so waren aus-
gesprochene Fachleute darunter, oder jedenfalls Leute, die sich
dafür ausgaben.
Also, ihr Weinsnobs in aller Welt, Blindproben sind riskant.
Wenn Sie Ihren Ruf dabei aufs Spiel setzen wollen, reiht man
Sie zu den »ferner liefen« ein.
Was kann man also machen? Es könnte ja sein, Sie werden zu
einer Blindprobe eingeladen. Welche Möglichkeiten haben Sie?

Es gibt eine klassische Regel: Versuchen Sie nicht, sich allzu gescheit zu geben. Versuchen Sie aber auch, nicht allzu dumm dazustehen. Wenn Sie einen Wein als 74er Prieuré-Lichine bestimmen, werden Sie sich garantiert blamieren. Damit haben Sie die

gleiche Chance wie im Lotto. Wenn Sie einen Wein vor sich haben, der ein 74er Prieuré-Lichine sein könnte, bewerten Sie ihn als Bordeaux eines verhältnismäßig guten Jahres. Vielleicht nicht von der Klasse eines Margaux oder Latour, aber doch von einem absolut angesehenen Weinberg. Wenn Sie so nahe daran kommen, haben Sie Ihre Sache gut gemacht.

Genügt Ihnen dieses Niveau der Identifizierung nicht? Dann erzähle ich Ihnen eine wahre Begebenheit. Auf einer Blindprobe, die vor kurzem im Pen and Pencil-Restaurant in New York stattfand, haben sechs recht gescheite Enthusiasten Weine bestimmt, die – wie üblich – aus sechs verschiedenen Ländern und oft aus mehr als einem Kontinent stammten. »Ein roter Bordeaux von einem weniger guten Jahrgang« war die beste – und korrekte – Klassifizierung an dem Abend. Es war die beste, nicht weil sie so präzise war, sondern weil die anderen Vorschläge Burgund, Kalifornien, Italien, Spanien und Australien waren. Australien kam von mir.

Wein blind zu identifizieren, ist ein bißchen wie Golf spielen. Versuchen Sie, Ihren Ball auf der Spielbahn zu halten und vergessen Sie das As.

Eine andere gute Regel ist, sich neben einen Experten zu setzen. Lassen Sie sich davon nicht einschüchtern. Das stellt keine Anforderungen an Sie – ihm werden die Anforderungen gestellt, und er weiß damit umzugehen. Man beachtet Sie nicht, alle Augen richten sich auf ihn und jeder wartet auf sein Urteil. Von Ihnen erwartet man, daß Sie sich nach dem Probieren an den Experten wenden und fragen: »Was meinen Sie?«

Niemand verlangt von einem Teilnehmer, der neben Peter Sichel sitzt, eine Bewertung abzugeben. Genauso wenig wie man von Henry Kissingers Tischnachbarn erwartet, etwas über die Außenpolitik von sich zu geben.

Sie können mit heiler Haut davonkommen. Es ist aber nicht leicht. Hier spielt nicht die B-Mannschaft, hier geht es um den World Cup der Weinexperten. Es muß kein Hattrick sein, ein sauberes Tor tut's auch. Hauptsache ist, den Ball nicht über die Latte zu schießen.

In den heiligen Hallen des Weinsnobismus

Zur Ausbildung und weiteren Vervollkommnung des Weinsnobs gehört eine Reise zu einem der eleganten Weingüter dieser Welt. Eines Tages, während Sie an Ihrem Portwein nippen, wird Sie nämlich jemand fragen: »Waren Sie schon in Porto?«

Das ist natürlich nicht seine eigentliche Frage. Er meint »Ich war schon in Porto und Sie wohl noch nicht«. Ein neuer Revolverheld scheint angekommen zu sein.

Jede Zeit bringt seine neue Ausgabe davon; sie kommen auch immer mit neuen Tricks und Spielregeln. Für unseren Helden hier ist es »Porto«, und er glaubt auch noch, damit gegen Château Lafite antreten zu können. Porto ist aber im Weinsnobismus, was der kleine Dorfcowboy im Vergleich zu John Wayne ist. Wenn er »Porto« aus seinem Halfter zieht, bedeutet das schon den sicheren Weg in den Untergang. Damit mag er zwar ein bißchen Aufmerksamkeit erheischen, aber sowie John Wayne dahergeritten kommt, sollte er sich lieber aus dem Staube machen. Porto wäre somit abgehakt. Die Frage lautet: Welches Weingut darf's denn sein? Die Antwort ist schlicht und einfach: Château d'Yquem.

Es gibt natürlich noch andere. Chambertin wäre recht distinguiert; Romanée-Conti wäre unanfechtbar. Château d'Yquem zeichnet sich aber durch eine gediegene Eleganz aus – es hat einen Hauch von Patina. Wenn Sie also Yquem in Ihrem Halfter haben, können Sie die Möchtegerne auseinanderstieben sehen.

Das erklärt wohl, warum Rita und ich (ein Weinsnob und eine geduldig leidende Ehefrau) eines Morgens Bordeaux Richtung Sauternes verlassen haben.

So wie der Shakespeare-Anhänger nach Stratford-on-Avon pilgert und der Renaissance-Gelehrte nach Florenz fährt, weiß der

Weinsnob, daß sein Ziel Sauternes sein muß. Und das Kleinod von Sauternes – der lupenreine Smaragd in einer einmaligen Fassung – ist Château d'Yquem.

Sauternes ist ein Anbaugebiet, so wie es Médoc oder auch Napa Valley sind. Innerhalb ihrer Grenzen gibt es Weingüter, die alle einen typischen Wein hervorbringen (oder aber Weine unterschiedlichen Charakters). Sauternes bringt einen süßen Weißwein hervor, der kaum je zum Essen bestellt wird. Es ist also ein Dessertwein.

Fairerweise sollte ich hier vielleicht erwähnen, daß Rita den Besuch auf Château d'Yquem nicht als Wallfahrt empfunden hat, und es war absolut keine Voraussetzung für meinen guten Ruf als Weinsnob. Ich wies auf den neuen Revolverhelden mit seinem Porto-Dreh hin. Auch das war ihr egal. Ausbildung und Vervollkommnung eines Weinsnobs sind auf die Unterstützung des Partners angewiesen; es macht die Sache leichter, wenn er auch ein bißchen ein Snob ist. Rita ist kein Snob, womit vielleicht die Tatsache erklärt ist, warum ich noch nicht zu den Höhen der Weinsnob-Welt aufgestiegen bin.

Jedenfalls hat sie dieser Reise zugestimmt, und das ist schon was wert. Wir fuhren also gen Süden und folgten den Anweisungen des Hotels genau. Die Region Sauternes ist leicht zu finden. Wenn wir erst einmal dort sind, wird das Schloß sicher ebenso leicht auszumachen sein, sagte ich mir. Für mich war das so klar, wie einen Pariser nach dem Eiffelturm zu fragen. Schließlich fragte ich ja nach Yquem, einer der prächtigsten Weine der Welt. So leicht war es aber doch nicht. Endlich hat mir der Wirt vom Auberge des Vignes weiterhelfen können – keine zwei Kilometer seien es noch.

»Da gibt es sicher Wegweiser«, sagte ich. Ich wollte das nicht *fragen*, weil es ja auf der Hand lag, daß es Schilder geben mußte. Allzu dumm mochte ich auch nicht dastehen. So wie es für Chartres oder Versailles oder sogar Paris Wegweiser gab, mußte es auch welche für Yquem geben.

»Es gibt keine Wegweiser«, sagte er.

Sie können mir glauben – er hatte recht! Wir wußten nicht einmal, daß das Château d'Yquem war, wo wir uns dann endlich befanden. Später haben wir erfahren, daß zu viele Touristen Yquem besuchen wollen und es sich deswegen ein bißchen zu verstecken sucht. Davon kann der Weinsnob nur profitieren.

Es war Ende Oktober und die Touristensaison vorbei. Ich hatte gar nicht daran gedacht, mich anzumelden. Besorgt darum, daß man mich unverrichteter Dinge wieder wegschicken würde (wie könnte ich das je erklären?), hielt ich nach jemandem Ausschau, der nach etwas aussah. Das ist gar nicht so einfach. Wenn der Wein gekeltert wird, läuft jeder in Arbeitshosen herum, und in ziemlich schäbigen Arbeitshosen noch dazu. Ich habe dann aber doch noch die richtige Person gefunden, die uns nach langem Bitten und Betteln eine Tour für 14.30 Uhr versprochen hat. Jetzt war es 12 Uhr, Zeit fürs Mittagessen.

Zum Glück war das Auberge des Vignes nur etwa zwei Kilometer weit weg. Ich hätte sonst nicht gewußt, wie ich Rita dazu gekriegt hätte, die zweieinhalb Stunden dort herumzuhängen. Für ein gutes Essen ist Rita sehr empfänglich. Diese Tatsache habe ich ein bißchen ausgespielt und ihr was von zwei Sternen im *Michelin* gesagt – sicher war ich mir aber nicht. Es brauchte dann keine große Überredungskunst mehr. Wenn Gourmet-Snobismus je soweit kommt, wie der Weinsnobismus, hätte man mit ihr kein leichtes Auskommen.

Wir fingen mit einer halben Flasche Sauternes an, Château Rieussec 1976. Es war das erste und wohl auch das letzte Mal, daß ich ein Mittagessen mit einem Sauternes beginne. Der Wein ist einfach zu süß. Es gibt Fanatiker, besonders aus dieser Gegend, die behaupten, man könne den Wein zu jedem Essen trinken. Die meisten Weinliebhaber sind aber anderer Meinung. Wir waren an dem Vormittag am Château Rieussec vorbeigefahren und fühlten uns irgendwie verpflichtet, ihn zu bestellen. Außerdem kommt zu Hause vielleicht einmal die Gelegenheit, beiläufig »Wir fingen mit einem Sauternes an« einzuflechten. Darauf allgemeines Stirnrunzeln.

Wir haben uns zwei Gerichte geteilt: Lamproie à la Bordelaise und Salmis de Cailles. Das erste ist ein nach Wild schmeckender Fisch, der in dieser Gegend gefangen und in einer dunkelroten Weinsauce angerichtet wird. Es gilt als Spezialität dieser Region. Cailles sind Wachteln; unser Gericht wurde in einer Sauternes-Sauce zubereitet. Beide Gänge waren ausgezeichnet. Das Restaurant ist sehr zu empfehlen, wenn Sie einmal in der Ecke sein sollten.

Es war fast halb drei und wir gingen zum Château d'Yquem zurück. Unser Führer war Pierre Meslier, der Verwalter. Normalerweise bekommt man auf solchen Führungen einen Studenten. Verwalter haben Wichtigeres zu tun. Vielleicht hatte mein Kennerblick und mein imposantes Auftreten den Ausschlag gegeben.

Es war gerade der richtige Zeitpunkt. Die Lastwagen kamen aus den Weinbergen zurück. Die hölzernen Butten waren mit Trauben gefüllt, die durch eine Mühle zum Keltern geschüttet wurden.

In Sauternes hat die Weinlese und das Keltern ein äußerst ungewöhnliches Verfahren: Die Trauben werden so lange am Weinstock gelassen, bis sie von einer Schimmelpilzart befallen sind. Man spricht da von »pourriture noble«, der Edelfäule. Sie bildet sich in den späten Sommertagen und bedeckt die Trauben mit einem grauen Belag, der die Haut aufspringen läßt und so einen Teil des Wassergehalts im Saft zum Verdunsten bringt. Das Resultat ist eine verschrumpfte, graurote Mischung von Traube und Rosine. Bis die Beeren diesen Fäulnisgrad erreicht haben, bleiben sie am Weinstock. Bei einer Traube findet man Beeren in unterschiedlichen Stadien – von reif bis verfault. Aus dem Grund muß Beere um Beere einzeln gepflückt werden. Die Leser müssen deswegen bis zu zehnmal durch den Weinberg gehen, was zu den hohen Kosten eines Château d'Yquem und der anderen guten Sauternes beiträgt.

Der Ursprung dieser speziellen Methode geht auf das Jahr 1847 zurück. Der Marquis de Lur-Saluces, Besitzer vom Château d'Yquem, hinterließ die Anweisung, mit der Weinlese zu warten, bis er aus Rußland zurück sei. Seine Rückkehr verzögerte sich aber, und die Trauben waren überreif geworden und von Fäule angegriffen. Ihm blieb nichts anderes übrig, als die Trauben trotzdem zu ernten und zu keltern. Das Ergebnis war außergewöhnlich. Auch heute, mehr als ein Jahrhundert danach, sieht man auf Château d'Yquem jeden Sommer dem Einsetzen der Edelfäule mit freudiger Erwartung entgegen.

Nachdem die Trauben zerdrückt worden sind, prüft man ihren Zuckergehalt und keltert sie dann in drei großen hölzernen Weinpressen. Der Saft fließt in Eichenfässer, wo dann die Gärung beginnt. Wenn Sie Ihr Ohr an die Faßöffnung halten, können Sie hören, wie die Hefe den Zucker in Alkohol umsetzt – ein wichtiger Vorgang, der jeder Weinherstellung zugrunde liegt. Ich sollte hier vielleicht zugeben, daß ich mir die größte Mühe gab, Herrn Meslier mit meiner Weinkenntnis und meinem Status in der Weinzunft zu beeindrucken. Rita hat mir dann später gesagt, daß ich die ganze Skala von aufgeblasen bis unausstehlich ausgespielt habe. Diese Kritik weise ich aus dem Grund weit von mir, weil sie überhaupt nichts vom Wein versteht. Was ist denn sowieso dabei, wenn ich meinem Freund Pierre Meslier gegenüber ein paar Weisheiten von mir gebe? Wovon sollten wir denn sonst in den heiligen Hallen der Weinwirtschaft reden?

Wie uns Pierre Meslier durch die Kelteranlagen geführt hat, waren wir überrascht, daß so eine einfache Ausstattung so einen hervorragenden Wein erzeugen kann. Wir hatten Châteaux besucht – Château Mouton-Rothschild, Château Palmer, Château Lynch-Bages – die roten Bordeaux keltern und mit riesigen Gärungstanks, modernen Weinpressen und einem Gewirr von Röhren und Laufbändern ausgerüstet sind. Auf Yquem gibt es nur eine Traubenmühle, die alle Trauben aus dem Weinberg aufnimmt und mahlt. Direkt hinter der Mühle stehen drei hölzerne Pressen, die übergroßen Fässern gleichen. Das ist auch schon alles. Von da läuft der Saft zur Fermentation in Eichenfässer, um dann schließlich drei Jahre später in Flaschen abgefüllt zu werden. Der Grund für diese überraschend schlichte Ausrüstung ist die Tatsache, daß auf Yquem Beere für Beere je nach Fäulnisgrad gepflückt wird und die anfallenden Beeren so nie das Fassungsvermögen der Anlagen übersteigen. Einfach und vernünftig.

Es war schon sehr aufregend und interessant, mit Herrn Meslier, dem Gebieter über den wohl besten Weißwein der Welt, zusammenzukommen. Nach dem Rundgang lud er uns in den Probierraum ein, wo er zwei Gläser 1975er Yquem einschenkte.

Das ist ein ganz wichtiger Augenblick im Leben eines jeden Weinliebhabers: den Yquem auf dem Château selbst und dazu noch in der Gesellschaft von Herrn Meslier zu trinken. Ich überlegte mir schon, wie ich das im angemessenen Rahmen auf der nächsten Zusammenkunft der Wine and Food Society herunterspielen könnte.

»Es war nur ein bescheidener 1975.«

»Pierre Meslier holte eine besondere Flasche . . . «

»Mein Freund, Pierre . . . «

Natürlich hatte ich den Wein noch nicht probiert. Dieser Augenblick mußte mit der nötigen Andacht gefeiert werden. Etwa zwanzig Minuten anspruchsvoller Diskussion sollte dem Probieren vorausgehen. Ich fragte Pierre also nach seinen Lieblings-Jahrgängen und nach der ältesten Flasche Yquem, die er probiert hatte – 1861. Ich ließ den Wein im Glas kreisen, roch daran, hielt es gegen das Licht und machte eine Bemerkung über die Farbe. Ich hatte das Gefühl, Pierre gebührend beeindruckt zu haben. Ich führte das Glas an meine Lippen, drehte mich etwas zu Rita, um sicher zu sein, daß sie das vorgeschriebene Ritual einhielt. Mich überkam das blanke Entsetzen – ihr Glas war leer! Hatte Herr Meslier vielleicht vergessen, ihr auch ein Glas einzuschenken? Unmöglich. Hat Rita etwa ein Glas Château d'Yquem einfach so heruntergekippt? Aber so war es. Sie konnte sich während der bloßen zwanzig Minuten, in der wir tiefschürfend die Edelfäule diskutierten, keine Zurückhaltung auferlegen. Damit hatte sie sich der Häresie schuldig gemacht. Die Begebenheit würde sich in Windeseile verbreiten, überall in Europa und dann im Düsentempo nach Amerika. Ich wäre die Zielscheibe eines jeden Scharfschützen zwischen Taillevent und Lutèce.

Ich hatte mich schon ganz darauf eingestellt, daß man in TIME darüber berichten würde und war ehrlich erleichtert, als mir Ronald Reagan von der Titelseite entgegenlächelte. Ich trau' dem Frieden aber noch nicht so recht und bin ständig sprungbereit zur Flucht.

Streitpunkt Himbeersauce

Man erwartet vom Weinsnob, daß er sich auch in der Gastronomie auskennt und daß seine kulinarischen Empfehlungen an höchster Stelle anerkannt sind. Außerdem sollte er die Drei-Sterne-Restaurants entdecken, bevor sie ihre drei Sterne bekommen. Der Weinsnob, der La Tulipe oder Dodin-Bouffant empfohlen hat, bevor sie in einem Führer wie Michelin Einzug fanden, hat für seinen guten Ruf ausgesorgt.

Umgekehrt muß der Weinsnob aber auch um die Restaurants auf der Abschußliste wissen. Es grenzt an ungeheure Peinlichkeit, überall als Anhänger eines gepflegten Etablissements bekannt zu sein, das gerade auf einen Stern degradiert worden ist. Das beste ist, Sie tauchen einige Zeit unter.

Es ist schon eine ziemliche Belastung, in der Feinschmecker-Szene am Ball zu bleiben, wenn einen zur gleichen Zeit hundert kleine Weingüter in Kalifornien auf Trab halten. Man muß es trotzdem unter einen Hut bringen. Wenn Sie als Weinsnob den Michelin oder Gault Millau nicht verfolgen, können Sie ebenso gut auf Makramee umstellen.

Damit hört es auch nicht auf. In Amerika z. B. findet man die umfassendste Liste der kulinarischen Szene in Seymour Britchkys »The Restaurants of New York«. Seymour (der Weinsnob nennt alle Gastronomie-Kritiker beim Vornamen) bewertet wie seine Konkurrentin Mimi Sheraton auch mit Sternen, aber seine Liste stimmt nicht unbedingt mit ihrer überein. Bei den etablierten Restaurants wie The Palm und The Coach House in Manhattan sind sie absolut gegenteiliger Meinung.

Mimi (die The Coach House vier Sterne gegeben hat): »Die sammetschwarze Bohnensuppe ist die Hausspezialität.« Seymour (der für The Coach House gar keinen Stern übrig hatte): »Die berühmte schwarze Bohnensuppe ist manchmal schwer wie Lehm, manchmal lauwarm und manchmal beides zugleich; sie kann es mit gewissen kubanischen Suppen, wie man sie hier in

New York findet, überhaupt nicht aufnehmen.«

Der Weinsnob hat jetzt das Vergnügen, auf dem gastronomischen Seil zwischen Sheraton und Britchky zu tanzen – er muß immer darauf bedacht sein, das Gleichgewicht zu halten und nicht abzustürzen. Es gibt kein Netz, das ihn auffangen könnte. Sie möchten vielleicht die schwarze Bohnensuppe einmal beim Coach House probieren, aber das wäre immer nur gegen Seymours Empfehlung.

Es ist auch gut, ein Auge auf die in der Wirtschaftszeitschrift »Forbes« jährlich erscheinende Liste der besten New Yorker Restaurants zu werfen. Sie behandeln diese Aufstellung am besten mit leiser Verachtung und der Einstellung »Was weiß denn schon die Geschäftswelt von einem feinen Essen?« Dabei ist es egal, ob Forbes am Ziel vorbeigeschossen hat oder nicht, Ihre Haltung wird respektiert. Niemand steht nämlich auf General Motors.

Aus einer übermütigen Laune heraus können Sie auch einen Passierschlag an Forbes abfeuern:

»Forbes? Gibt Malcolm Forbes dem ›21‹ Club nicht immer noch vier Sterne?«

Das sollte sitzen. Keiner hält etwas vom »21« Club, außer vielleicht der Vizedirektoren von General Motors, die man nicht zu den Anhängern eines guten Essens zählen kann – und seit neuestem nicht einmal zu den Autofans.

Man muß natürlich auch wissen, was die *Spezialität* des Hauses ist:

»Kalbsbries? Die sollten Sie im Mon Paris versuchen. Dort serviert man sie an einer fast süßen Kastaniensauce.«

»Sie gehen heute ins Patsy? Bitten Sie sie, als Beilage Bohnen à la Marinara zuzubereiten.«

»Sie kommen doch wohl nicht auf die Idee, irgendeinen Käsekuchen in New York mit der von Grotta Azzura zu vergleichen?«

Und so weiter.

Da kommen sogar Saucen mit ins Spiel. Eigentlich spielen sie eine sehr wichtige Rolle. Vor kurzem waren wir mit Reginald zusammen im Lutèce. Wir gehen nie ohne Reginald dahin. Es ist sein Lieblingsrestaurant; er hat die Speisekarte auswendig gelernt. Das gehört zu den ganz großen Leistungen im Wein- und Feinschmecker-Snobismus, denn eigentlich gebührt demjenigen schon Respekt, der die Karte auch nur verstehen kann. Reginalds Hingabe ist dem elsässischen Besitzer André Soltner nicht entgangen. Er kommt an unseren Tisch, um die Sonderwünsche zu besprechen; manchmal offeriert er uns dabei ein Taubenmousse.

An dem Abend gaben die zwei Saucen, die zur gebratenen Ente gereicht werden, ziemlich viel zu reden. Sheraton hatte, glaube ich, von der Himbeersauce abgeraten. So etwas findet schon seinen Niederschlag in der Weinsnob-Welt. Jedem war damit klar, daß man im Lutèce Ente à l'orange bestellt.

Roger, der Oberkellner, nahm unsere Bestellungen auf. Reginald hatte sich tatsächlich für Ente entschieden.

»Orangen- oder Himbeersauce?« fragte Roger.

Ich freute mich auf die Antwort. Hier sitze ich nun neben einem der distinguiertesten Wein- und Feinschmecker-Snobs von ganz Amerika. Er mußte eine heikle Entscheidung fällen, der er sich bestimmt korrekt entledigen würde – sicher würde er Ente à l'orange bestellen.

»Was schlagen Sie vor, Roger?«

Ich war schockiert; Reginald wußte offensichtlich noch nichts von der Sache mit der Himbeersauce. Vielleicht bemerkt sogar jemand, wie Roger Himbeersauce über die Ente schöpft!

»Nehmen Sie die Himbeersauce«, riet Roger.

Nun haben wir's, dachte ich – der Untergang der Titanic, die Explosion der Hindenburg.

Reginald nickte; Roger lächelte zufrieden.

Ich hatte mich für Cassolette de Crabe entschieden. Die Speise-karte diente mir als Schild und sollte meinen guten Ruf schüt-zen, während der Weinsnobismus wie ein Kartenhaus um mich herum zusammenbrach.

Das Hauptgericht kam; mir fiel auf, daß Roger besonders auf-merksam war. Als wir einen 73er Château Simard bestellten, meinte er: »Ich glaube, ich kann Ihnen einen 77er bringen, wir sollten noch ein oder zwei Flaschen davon haben.«

Erst gegen Ende des Essens fand ich den Mut, Reginald über die Ente zu fragen. Ich stellte die Frage so ganz allgemein und nahm keinen Bezug auf die Himbeersauce. Reginald würde so-wieso mit Pauken und Trompeten davongejagt werden; man durfte es nicht noch schlimmer machen.

»Du meinst wohl, warum habe ich die Ente nicht gleich à l'orange bestellt?« fragte er.

»Ich wollte deine Entscheidung nicht anzweifeln, Reginald, aber jetzt, da du fragst . . . «

»Niemand mit auch nur einem Fünkchen von Anstand hätte die Ente à l'orange bestellt. Das wäre eine pure Beleidigung.«

»Aber . . . «

»Die Ente à l'orange zu bestellen, würde bedeuten, daß man die Himbeersauce in Amerikas bestem Restaurant – wo ich übrigens als Kenner eines guten Essens und eines guten Tropfens angese-hen bin – als unzulänglich einstuft. Und warum? Nur weil Mimi es behauptet? Sicher geht man schon danach, was sie über die New Yorker Restaurants zu sagen hat, und vielleicht würden wir uns sogar von einer ihrer neuen Kreationen überzeugen lassen, die sie dem Lutèce vorgeschlagen hat. Aber wir werden nie – und ich betone: nie – einer anderen Kreation *aus dem Wege gehen*. Wer weiß, warum Mimi die Himbeersauce nicht geschmeckt hat? Der Kern der Sache ist – sie war von André Soltner kreiert worden.«

Reginald war so richtig im Schuß und nichts konnte ihn aufhalten. »Wenn jemand Orangensauce zu Ente vorzieht, dürfte er sie ruhig bestellen. Wenn aber du oder ich sie bestellten – vorausgesetzt, daß wir die Kritik gelesen haben – käme das einem faux pas gleich. Wir bestellen zwar Ente, den Rest überlassen wir aber Roger.«

»Wie findest du denn überhaupt die Himbeersauce?« fragte ich und wagte mich damit aufs dünne Eis hinaus.

Reginald wandte sich mir in einer überlegenen Art und Weise zu, in der ein Hauch von Mitleid lag: »Es ist völlig unwichtig, wie ich sie finde.«

Zu den nächsten zwei Essen bei Lutèce wurde ich nicht eingeladen – eine angemessene Bestrafung für ein Benehmen, das schon fast an Barbarei grenzt. Damit wurde ich um einige Sprossen auf der Erfolgsleiter zurückgestuft, auf der ich sowieso noch nicht allzu hoch geklettert war.

Reginald bleibt natürlich an der Spitze: Er kennt sich aus bei Weinen und Speisen, ist immer auf der Hut, immer taktvoll, immer korrekt.

Eine Sternstunde

Die Sache mit der Himbeersauce ließ mich in eine tiefe Depression fallen, und ich überlegte mir, wie sie am besten auszukurieren sei. Vier Tage Paris sollte Besserung bringen.

Paris ist für den Weinsnob was Florenz für den Kenner der Renaissance ist: ein absolutes Muß. So wie Florenz die Schätze aus dem 14. und 15. Jahrhundert – Giotto, Fra Angelico, Botticelli – beherbergt, rühmt sich Paris mit den gastronomischen Schätzen des 20. Jahrhunderts: Taillevent, Faugeron, L'Archestrate. Einige meinen vielleicht, dieser Vergleich hinke. Es gebe doch schließlich einen qualitativen Unterschied zwischen Botticellis »Primavera« und einem Lammrücken bei Taillevent. Machen Sie sich nichts draus; diese Haarspalter werden sowieso keine erfolgreichen Weinsnobs.

Obwohl die Pariser Restaurants ein Begriff unter Weinsnobs sind, ist es wichtig, die vorherrschende Meinung wiederzugeben: Nämlich, daß die großen Drei-Sterne-Etablissements nachgelassen haben. Wenn Sie von Paris zurückkommen und sich begeistert über das Tour d'Argent oder das Vivarois auslassen, begehen Sie einen kaum wieder gutzumachenden Fehler.

Auf der anderen Seite dürfen Sie ruhig ein paar Namen erwähnen, von denen bisher noch niemand gehört hat. Ihr Ansehen wird dadurch kaum Schaden erleiden. Mein eigener Ruf verträgt nach dem Vorfall bei Lutèce allerdings nur sehr wenig.

Die Pariser Reise stand, und ich verbrachte eine ganze Woche damit, die Restaurants und Weinkarten zu durchkämmen. Das schloß auch einen Anruf bei meinem Freund Charles ein. Er vertritt eine Gruppe, die einen Weinberg im Rhônetal besitzt. Charles ist kein Weinsnob, und zwar aus dem einfachen Grund, weil er keiner sein will. Bei seinem Werdegang und seinem Wissen halte ich das für einen großen Fehler.

Charles empfahl mir unter anderem Le Pré Catelan. Ich setzte es auf meine Liste, verglich es aber auch noch mit dem Michelin – wenn auch nicht gerade sehr sorgfältig, nachdem ja die Empfehlung aus so einwandfreier Quelle kam.

Rita und ich kamen zum Restaurant. (Rita hält meine Hingabe zum Weinsnobismus für oberflächlich und egoistisch; allerdings scheint sie die grandiosen Pariser Restaurants ohne großes Wimpernzucken zu ertragen.) Man führte uns zu unserem Tisch. Wir bestellten den Haus-Aperitif, Champagner mit frischen Himbeeren, und baten um die Weinkarte.

Wer noch nie in Paris war, lebt in der irrigen Vorstellung, französischer Wein sei in Frankreich billiger. Die Ansicht ist eigentlich nicht abwegig, aber leider trifft das Gegenteil zu. Als ich die roten Bordeaux der Klasse, wie ich sie zu Hause bestellt hätte, ins Auge faßte, sprang mir der Preis von 35 Dollar für einen Château Talbot und Château Ducru-Beaucaillou aus dem Jahr 1975 entgegen. Der 70er Château Gloria kostete 30 Dollar und der Château Léoville-Las-Cases aus dem Jahr 1973 (ein guter, aber kein besonderer Jahrgang) 70 Dollar: Alles Weine, die man zu der Zeit in New York oder Chicago für 20 Dollar bekommen hätte.

Beim Studieren der Weinkarte stieß ich schließlich auf einen Grand-Puy-Lacoste aus dem Jahre 1960 für 25 Dollar. Es war der billigste rote Bordeaux. Das Restaurant hielt offensichtlich nicht sehr viel von diesem Wein.

Man sollte ein bißchen was über den Grand-Puy-Lacoste und das Jahr 1960 wissen: Erstens wird das Weingut unterbewertet, zweitens wird das Jahr 1960 – eingerahmt von zwei der größten Jahrgänge dieses Jahrhunderts, 1959 und 1961 – erheblich unterschätzt, drittens aber kommt der Wein aus der Region Pauillac. Dieses Anbaugebiet verbindet man mit den ganz großen Namen wie Château Lafite-Rothschild, Château Mouton-Rothschild und Château Latour. Ein Grand-Puy-Lacoste 1960 könnte ein hervorragender Wein sein.

All diese Überlegungen unterbreitete ich dem Oberkellner. Der schüttelte nur gewichtig den Kopf: »Ein guter Preis, das stimmt schon – aber das Jahr 1960 . . . würde ich nicht empfehlen.«

»Haben Sie schon mal so eine Flasche serviert?«

»Nein, ich kann mich nicht daran erinnern, daß so eine Flasche je ausgeschenkt wurde.«

Das war wie eine Herausforderung. In den großen Pariser Restaurants schlägt man eine Empfehlung des Oberkellners nicht in den Wind. Ich konnte mir die höchst unangenehme Situation lebhaft vorstellen, bei der die Flasche aufgemacht wird und sich der Wein als fade oder säurereich entpuppt. Ebenso gut konnte ich mir aber auch ausmalen, eine Konfetti-Parade durch die

Champs Elysées anzuführen, falls ich recht behielt. Wenn ich den Vorfall mit der Himbeersauce nicht so verpatzt hätte, wäre mir wohl nicht nach so einem Risiko gewesen. Was konnte ich denn schon verlieren – und ein Sieg wäre einfach wunderbar.

»Ich nehm' ihn«, sagte ich.

Der Oberkellner schien darob nicht sehr erfreut, nickte aber und eilte in den Keller, um die Flasche zu holen. Wahrscheinlich hatte er recht, daß er den Wein noch nie serviert hatte; mindestens zwanzig Minuten brauchte er nämlich, um eine Flasche zu finden.

Es ist ein ungeschriebenes Gesetz, daß der Weinsnob nie den teuersten und nie den billigsten Wein auf der Karte bestellt; dazu gehört auch noch der Wein, mit dem man von vornherein auf Nummer Sicher geht. In der Preisklasse sucht er nach der einmaligen, der interessantesten und vielversprechendsten Flasche. Hier hatte ich also einen Wein vor mir, dem man in einem der elegantesten Pariser Restaurants einem Außenseiter gleich keine Beachtung schenkte – ja, den man nicht einmal empfahl. Das reizt einen Weinsnob natürlich besonders.

Der Oberkellner schenkte den Wein mit der nötigen Feierlichkeit ein und ich probierte ihn. Er war bemerkenswert – nicht einfach nur gut, sondern hervorragend – noch besser, als mir in meinen kühnsten Hoffnungen vorgeschwebt hatte. Er war weich und trotzdem kräftig; die zwanzig Jahre Reifezeit hatten ihn zur Perfektion gebracht.

Mein Oberkellner stand dabei, sein Kollege gesellte sich zu ihm, und beide erwarteten das Urteil über diese seltsame Flasche. Es wäre völlig unangemessen gewesen, Zustimmung zu nicken.

»Probieren Sie ihn mal«, sagte ich.

Das machte er auch; er war überrascht. Ich bestand darauf, daß der andere Oberkellner den Wein auch probierte. Beide lächelten zufrieden und hoben ihre Gläser in Anerkennung und Respekt. Es war ein glorioser Moment im Leben eines Weinsnobs – wahrhaftig eine Sternstunde.

Zurück in New York drängte es mich gleich, ein Essen mit Reginald zu arrangieren. In seiner Gesellschaft – die Tischrunde sollte nicht weniger als acht ernsthafte Weinkenner vereinen – könnte die Geschichte dann mit angemessener Bescheidenheit und Zurückhaltung erzählt werden. Ich müßte natürlich sehr behutsam vorgehen. Man unterstreicht nicht noch, was sowieso schon höchst dramatisch ist.

Das Essen für zwei im Le Pré Catelan kam auf 160 Dollar – ein hoher Preis für ein paar Sprossen in meiner Laufbahn als Weinsnob.

Aber nicht zu hoch, dachte ich.

Die Flasche zurück-
gehen lassen

Weinsnob-Lehrlinge, aufgepaßt: Jetzt kommt das Kapitel, auf das Sie schon lange gewartet haben! Es heißt: DIE FLASCHE ZURÜCKWEISEN. Geben Sie ruhig zu, daß Sie diesen Moment herbeigesehnt haben – Sie sitzen im Kreise Ihrer Bewunderer, der Oberkellner öffnet einen 78er Sancerre; Sie probieren den Wein, er ist ein bißchen säurehaltig, ein bißchen unausgeglichen, könnte man sagen. Auf jeden Fall ist er nicht so, wie ein Sancerre sein sollte. Jetzt scheint der Augenblick gekommen zu sein.

Ihre Freunde warten auf Ihre Zustimmung. Sie setzen das Glas ab; dann nehmen Sie es wieder hoch und probieren noch einmal. Offensichtlich stimmt etwas mit dem Wein nicht. Einige Gäste werden ein bißchen unruhig. Der Oberkellner räuspert sich. Sie machen eine abweisende Handbewegung: Der Wein ist nicht akzeptabel. Ein paar Freunde verkriechen sich hinter der Speisekarte, vom Tischende kommt ein nervöses Hüsteln. Der Oberkellner bleibt sehr höflich; seine Stimme verrät aber leichten Zweifel an Ihrer Entscheidung. Sie probieren noch einmal, aber der Wein ist einfach nicht gut und die Flasche geht zurück. Der Weinsnob hat seine anspruchsvollste Rolle gespielt.

Oder doch nicht? Hat er Hamlet gespielt oder den Narren?

Irgendwo steht geschrieben, daß dieses Flaschen-zurückgehen-Lassen der Weinsnobismus in Reinkultur ist. Eigentlich ist es eine alberne Geste, und zwar aus einem ganz verständlichen Grund. Jeder Möchtegern und Hanswurst weist absolut einwandfreien Wein zurück, nur um sich damit als besonders gewandt aufzuführen. Diese Praxis hat inzwischen solche Ausmaße angenommen, daß man heutzutage kaum eine *schlechte* Flasche zurückschicken kann. Wer das macht, gibt sich der Lächerlichkeit preis. Man sollte sich also genau überlegen, wann man eine Flasche refüsiert und wie man es macht, ohne daß sich die Anwesenden den ganzen Abend in ihrer Haut unwohl fühlen.

Die schlechte Flasche

Eine schlechte Flasche geht immer zurück, einfach deswegen, weil sie nicht genießbar ist. Normalerweise schmeckt der Wein sauer, mehr als nur säuerlich. Es gibt keinen Grund, warum Sie sich den Wein herunterquälen sollten. Rufen Sie also den Oberkellner und teilen Sie es ihm mit. Man sagt Oberkellnern in solchen Situationen nicht gerade viel Charme und Freundlichkeit nach, aber Sie sind ja schließlich nicht zu seinem Vergnügen da. Seine Aufgabe ist es, Ihnen einen angenehmen Abend zu bereiten. So sollte es jedenfalls sein.

Der Oberkellner wird den Wein probieren und ihn dann entweder anstandslos ersetzen oder Ihnen klarmachen, daß an dem Wein nichts auszusetzen ist. Letzteres ist immer ein Problem, passiert aber höchst selten. So können Sie reagieren:

»Wir haben alle den Wein probiert und keiner von uns findet ihn einwandfrei. Falls Sie meinen, daß der Wein doch gut sei, bitten Sie den Besitzer an unseren Tisch und lassen Sie ihn auch probieren. Wenn auch er meint, der Wein sei in Ordnung, behalten wir ihn.«

Wenn Sie so vorgehen, wird dem Oberkellner klar, daß Sie nicht der einzige sind, der etwas an dem Wein auszusetzen hat und daß Sie kein Interesse an dem Flasche-retour-Spiel haben. Wenn er auf seinem Urteil beharrt, nimmt er es mit vier oder sechs Gästen auf. Nur die ganz Sturen sind so hartnäckig.

Leider gibt es aber auch einige von der Sorte, und deswegen ist es gut, nach dem Besitzer zu fragen – in sehr anständiger Form versteht sich. Diese Bitte zeigt dem Oberkellner, daß – auch wenn *er* alle Gäste beleidigen will – der Besitzer vielleicht anderer Meinung ist. Die Chancen stehen gut, daß der Oberkellner die Flasche lieber zurücknimmt als einen Chef zu holen. Aber auch wenn er ihn holt, macht das nichts. Der Besitzer legt nämlich mehr Wert auf sein Restaurant und seinen guten Ruf, als der Oberkellner das tut. Im allgemeinen schwindeln Besitzer wegen so einer Banalität wie einer Flasche Wein nicht.

Wenn er trotzdem lügt, nützen Ihnen meine Vorschläge nichts. Stellen Sie die Flasche auf die Seite, bestellen Sie eine neue – und streichen Sie das Restaurant von Ihrer Liste. Sie haben Ihr Bestes getan.

Einige von Ihnen meinen vielleicht, diese Haltung sei zu passiv. Wenn der Wein schlecht ist – zurück damit, und wenn der Ober-

kellner Einwände hat – trotzdem zurück damit!

Inzwischen ist das Abendessen aber zu einem regelrechten Kriegsschauplatz geworden. Wenn's hoch kommt, ist der Kellner reserviert höflich; Sie und Ihre Freunde sind bestenfalls nervös und gereizt. Warum sich den ganzen Abend verderben lassen? Mit ein bißchen Diplomatie erreicht man mehr.

Das falsche Jahr

Es kommt auf den Wein an.

Das Jahr spielt bei französischen Weinen eine wichtige Rolle, weil dort das Klima ein breites Spektrum von Wetterlagen bietet. Entweder regnet es zuviel oder regnet es zu wenig im Burgund und Bordeaux, was den Preis des 75er Weins gegenüber dem 73er verdoppelt. Wenn Sie also einen 75er bestellen, sollten Sie auch einen 75er bekommen.

Bei italienischen, spanischen und portugiesischen Weinen fällt das Jahr nicht so sehr ins Gewicht, und das Restaurant achtet nicht so peinlich genau auf seine Weinkarte wie es in Frankreich der Fall ist. Mama ist in der Küche und rührt die Marinara-Sauce und Papa schwirrt von Tisch zu Tisch. Wer hat da noch die Zeit und kann die Weinkarte auf dem neuesten Stand halten? Wenn Sie einen 75er bestellen und man bringt Ihnen einen 76er, heißt das höchstwahrscheinlich, daß es einfach keinen 75er mehr gibt. Der Unterschied wird minimal sein, behalten Sie also die Flasche.

Bei amerikanischen und deutschen Weinen ist der Jahrgang *etwas wichtiger*. Hier sollte der Preis den Ausschlag geben. Wenn Sie achtzehn Dollar für eine deutsche Wehlener Sonnenuhr 1976 zahlen, sollten Sie auch genau das Jahr bekommen, wofür Sie bezahlt haben. Eine Liebfraumilch zu neun Dollar und einem von Ihrer Bestellung abweichenden Jahr sollten Sie behalten.

Die falsche Einstellung

Wir sind bei L'Epicure und haben einen 1970 Calon-Ségur bestellt. Der Oberkellner bringt die Flasche und entkorkt sie: Auf dem Etikett steht 1971. Es gibt gar keinen Grund, die Flasche zu behalten. Wenn der Oberkellner einen anderen Vorschlag gemacht hätte – z. B. »Wir haben keinen 70er mehr, aber ich glaube, der 71er wird Ihnen ebenso gut munden« – liegt die Sache natürlich anders. Aber einfach den Einundsiebziger aufzumachen, ohne vorher Ihre Zustimmung einzuholen, zeugt von Gleichgültigkeit und kommt der Arroganz schon ziemlich nahe.

Glauben Sie ja nicht, Sie müßten sich den Wünschen des Oberkellners oder des Weinkellners fügen. Ein gutes Restaurant wird Ihre Wahl immer respektieren. Kürzlich habe ich bei Lutèce nach dem Dessert einen Vintage Port und mein Freund hat einen Cognac bestellt. Wir wollten beide wissen, aus welchen Flaschen man uns einzuschenken gedachte; die Reaktion des Oberkellners war, beide Flaschen an den Tisch zu bringen.

Obwohl es keine Entschuldigung für einen arroganten Oberkellner gibt, muß man sich auch mal in die Lage des Restaurants versetzen. Sie stehen im Bann der Gäste, die sich für besonders weltmännisch halten, wenn sie die Flasche zurückgehen lassen. Ihre erste Reaktion auf eine zurückgewiesene Flasche ist, den Gast und nicht den Wein zu verdächtigen.

Denken Sie also immer daran: Sie können schwenken und riechen, Ihren Gaumen vorbereiten und sonst noch allerlei treiben. Die Flasche zurückgeben, ist aber ein anderes Kapitel. Hier geht es um bare Münze. Es gibt Bühnen, auf denen man das Theater des Weinsnobismus mit der Pracht eines King Lear spielen kann – aber Lear zu spielen, wenn die Inszenierung nach Puck verlangt, wirkt überall peinlich – egal ob es nun im Staatstheater oder im Kammertheater ist.

Happening beim Sommerwein

Mein Freund Marvin ist ein Hansdampf. Am Tage flitzt er zwischen Börse und Tennisplatz hin und her und hält sich an keinem Ort lange genug auf, daß man ihn erreichen könnte. Am Abend frequentiert er die neuesten Galerien im SoHo-Quartier von Manhattan oder eines dieser intimen Restaurants. Mir war schon immer klar, daß Marvin früher oder später zum Weinsnob avancieren will.

»Ich möchte gern Reginald vorgestellt werden«, sagte er eines Tages. Das überraschte niemanden.

Es gibt nur einen Grund, Reginalds Bekanntschaft zu machen: Man will Weinsnob werden. Sein einziges Interesse gilt dem Wein. Einen Abend mit Reginald zu verbringen, bedeutet, einen Abend lang über die Niederschlagsmenge im Rhônetal zu diskutieren. Wenn ich »diskutieren« sage, bedeutet das, daß Reginald als Alleinunterhalter auftritt. Außer Reginald gibt es nämlich nur noch den Wetteronkel aus Châteauneuf-du-Pape, der über so etwas Bescheid weiß.

Einige von Marvins Tenniskollegen, die sich für Weinprobierkurse eingeschrieben haben, setzten ihm ganz schön zu mit ihren ewigen Châteaux-Namen. Er hat sich deswegen entschlossen, nicht nur alles über Wein zu lernen, sondern auch noch das richtige Auftreten zu studieren. Und dazu braucht's eine Einführung beim Hohepriester der Weingemeinschaft. Ich fädelte ein Mittagessen für die beiden ein. Reginald rief mich hinterher an.

»Ein hoffnungsloser Fall«, meinte er. »Marvin kauft seine Anzüge bei Alexander.«

»Das wird sich ändern«, erwiderte ich. »Marvin will ein Weinsnob werden, und er hat die Zeit und das Geld, sein Ziel zu erreichen.«

Es entstand eine lange Pause – ich hatte das Gefühl, etwas Falsches gesagt zu haben. Man sagt sehr schnell etwas Falsches, wenn man sich mit Reginald unterhält.

»Ich glaube, du kannst mir nicht ganz folgen«, warf er ein. »Mit Geld hat das kaum etwas zu tun.«

Um mir einen Gefallen zu tun, stimmte Reginald schließlich doch zu und nahm Marvin unter seine Fittiche. Aber nur unter der Bedingung, daß Marvin sich eine neue Garderobe zulegt und sich in Gesellschaft von Weinkennern nicht äußert. Wir würden dann sehen, ob die Sache Aussicht auf Erfolg hat und in dem Fall Marvin weiter fördern.

Darauf einigten wir uns, und so wurde Marvin zum Weinsnob-Anwärter. Unter der Schutzherrschaft von Reginald zu stehen, ist etwa mit Klavierstunden bei Rubinstein gleichzusetzen.

Marvin hat das Schwenken und Riechen, Gaumen einstimmen und Dekantieren gelernt und entledigte sich dieser Aufgaben mit Bravour – wenn auch ohne besonderen Stil oder das gewisse Etwas. Seine Zielstrebigkeit machte das fehlende Flair wett. Nach und nach fand er Aufnahme in der Gruppe – ja, es kam sogar soweit, daß man ihn zu einem Dinner bei Chanterelle einlud. Voraussetzung dafür war allerdings, daß der ihm zustehende Platz so weit wie möglich von Reginald entfernt war.

Dessen ungeachtet gab man Marvin die Karte und er wurde gebeten, den Wein für den ersten Gang zu wählen. Wir hatten uns alle für Kalbsbries entschieden. Er wählte einen Pouilly-Fuissé 1978, was offensichtlich auch Reginald überraschte.

Das war natürlich ein entscheidender Augenblick, und aus Reginalds Gesichtsausdruck konnte ich Anerkennung lesen.

Eine Woche später hörte ich wieder von Reginald: »Laden wir ihn doch zur nächsten Probe der Wine and Food Society ein.«

Ich konnte es kaum erwarten, Marvin die gute Nachricht zu überbringen. »Bist du dir darüber im klaren, was das bedeutet? Es bedeutet, daß du es geschafft hast!«

Ich sollte hier vielleicht erwähnen, daß Reginald und Marvin grundverschiedene Typen sind. Marvin ist freundlich und sympathisch; er lacht immer und ist jederzeit gut aufgelegt. Ketzerische Zungen meinen, daß sein Gehirn unter der Vergnügungssucht ein bißchen Schimmel angesetzt hat. Er ist nicht der richtige Gesprächspartner, wenn Ihnen nach einer Diskussion über Kierkegaard ist. Ich weiß natürlich auch nicht, ob Ihnen überhaupt viele Möglichkeiten offenstehen, wenn Ihr Gemüt nach so einem Gedankenaustausch verlangt. Marvin sieht aus, und benimmt sich auch so, wie eine kleinere Ausgabe von Maurice

Chevalier: überschäumend, erfrischend und immer optimistisch. Falls es an der Börse brenzlig werden sollte, könnte Marvin mit Stock und Melone für ein Musical aus den zwanziger Jahren vorspielen.

Reginald dagegen ist schwermütig; das Wort mag sogar für ihn erfunden worden sein. Tadellos gekleidet in Dunkelgrau oder Schwarz wie er ist, könnte er sich für einen Bestattungsunternehmer ausgeben. Seine Augen liegen tief in ihren Höhlen, sein Mund ist nur ein Strich, seine Haut immer feucht. Während man etwas erklärt, starrt er einen so an, daß man von vornherein glaubt, wieder etwas Falsches gesagt zu haben. Da Sie wahr-

scheinlich etwas über Wein von sich geben – das einzige Thema, bei dem er zuhört – trifft die Vermutung wohl auch zu.

Er ist ganz offensichtlich anspruchsvoll, ungeduldig, arrogant und intolerant. So eine Figur haben wir zum Anführer der Weinsnob-Bruderschaft gewählt. Für die kommende Weinprobe, bei der Reginald und Marvin zusammensitzen würden, war ich nicht sehr zuversichtlich. Die Aussichten erhellten sich aber, als die Wine and Food Society eine »Sommerwein-Probe« auf einem Ausflugsdampfer im New Yorker Hafen ankündigte. Das versprach Unterhaltung und klang gleichzeitig noch nach einem Anlaß, an dem Marvin sich wohl fühlen würde.

»Sommerweine« sind leichte, fruchtige, gekühlte Weine, die am besten bei warmem Wetter munden. Darüber hinaus nimmt man die Regeln bei so einem Anlaß sehr locker. Sie möchten gern einen Eiswürfel in ein Glas Muscadet werfen? Nichts dabei. Sie wollen aus Weißwein, Orangensaft und einer Kirsche einen Wine Cooler machen? In Ordnung. Kein Gaumeneinstimmen, keine Jahrgänge, keine Verbote. Auch kein Weinsnobismus. Worüber kann man denn schon angeben? Alles ist erlaubt.

Das Ereignis stand unter dem Vorsitz von Peter Sichel, der profundes Wissen mit einer guten Prise Vernunft unter einen Hut bringt. Er klopfte an sein Glas, bat um Ruhe und brachte dann seine Ausführungen über die Sommerweine. Die Quintessenz lautete: »Lassen Sie sich nicht durch Konventionen einschränken. Probieren Sie etwas Neues. Amüsieren Sie sich.«

»Sich amüsieren?« fragte Marvin.

»Ja«, sagte ich, »aber denk daran, wo du bist.« Ich merkte, daß Reginald unter »Spaß haben« etwas anderes verstand als Peter.

Marvin stand trotzdem auf und fing gleich an, sich einen Vouvray mit vier Fruchtsäften, einer Gurkenscheibe, einem Pfefferminzblatt und einer Maraschinokirsche zu mixen.

»Was ist das?« fragte ich ihn. »Alles, was ich auf den Tischen eins und zwei finden konnte. Und hör auf, mich so anzusehen. Peter Sichel hat doch gesagt, ALLES IST ERLAUBT. Weißt du mehr als er?«

»Es sieht unmöglich aus.«

»Warum probierst du es nicht mal?«

Alle Augen richteten sich auf mich. Ich probierte es. Es schmeckte köstlich.

»Es geht«, sagte ich.

Marvin trank ziemlich schnell aus, seine Wangen röteten sich. Was mich aber mehr beunruhigte, war die Tatsache, daß er sich so gut wie gar nicht um die Unterhaltung am Tisch kümmerte. Es ging darum, ob die 66er Médocs besser altern als die 64er. Marvin stand wieder auf und kam mit einer schäumenden, flamingofarbenen Flüssigkeit zurück; zu allem Überfluß hing auch noch ein Stück Orangenschale über dem Glasrand.

»Wie schmeckt das?« fragte ich dummerweise. Ich hoffte auf eine Antwort, die etwas Zurückhaltung ausdrücken würde.

»Ehrlich gesagt, mir schmeckts's prima.«

Fairerweise muß ich zugeben, daß es einer dieser ungezwungenen Nachmittage war. Die Mitglieder tranken verschiedene Farbkreationen; aus einigen Gläsern sprossen sogar Blumen. Die Unterhaltung blieb auch nicht bei den 60er Médocs stehen. Marvin schien es am allerbesten zu gefallen; er tänzelte zwischen den Tischen umher und stellte sich jedermann vor. Sein Fruchtsaft-Gebräu trank er, als sei es wirklich nur Fruchtsaft. Jeder fand ihn amüsant und reizend – bis zu dem Zeitpunkt, als er einen Strohhalm aus seinem Glas nahm und die Kapelle dirigierte. Kurz darauf sank er auf seinem Stuhl zusammen.

Reginald und ich brachten Marvin mit dem Taxi nach Hause; viel zu reden gab es da nicht. Seitdem hat man ihn weder bei der Wine and Food Society noch im Chanterelle noch an einem anderen Ort von Bedeutung gesehen.

Das machte nichts. Marvin hatte sich so gut amüsiert, daß er alles übers Riechen und Schwenken vergessen hat; vergessen hat er auch, daß er einmal ein Weinsnob werden wollte. Jetzt ist er auf Weißwein mit Orangensaft umgestiegen; das trinkt er zu fast jeder Gelegenheit.

Die Angelegenheit hat nur Reginald etwas ausgemacht, dessen Schützling er gewesen war. Reginald fühlte sich zutiefst betroffen; es verstand sich in unserem Weinkreis von selbst, daß die Sache mit Marvin und dem Sommerwein in seiner Gegenwart nicht zur Sprache kam.

Der Instant-Snob

Über Nacht zum Snob werden? Kein Problem – überlassen Sie das ruhig mir. Dabei müssen Sie die Jahrgänge und die Tabellen über die Niederschlagsmengen nicht auswendig lernen. Sie müssen weder einen Weinkeller bauen, noch den Chevaliers du Tastevin beitreten. Sie müssen nur eine einzige Flasche Wein erstehen, und so eine Flasche gibt es. Das ist die gute Seite der Medaille.

Die Kehrseite bedeutet, daß Sie diese Flasche eine schöne Stange Geld kosten wird: Es muß unbedingt eine aus dem neunzehnten Jahrhundert sein. Die Antwort auf die Frage: WELCHES IST DIE ÄLTESTE FLASCHE, DIE SIE PROBIERT HABEN? ist der einzige Gradmesser, welche Stufe auf der Erfolgsleiter zum Weinsnobismus Sie erklommen haben.

Ich entschuldige mich wegen der hohen Ausgaben, aber umsonst gibt es nichts. Dafür handeln Sie sich den Instant-Snobismus ein. Sie müssen gar nichts weiter tun; Sie brauchen nicht einmal aus dem Haus zu gehen. Sherry-Lehmann oder D. Sokolin wird Ihnen die Flasche ins Haus liefern. Ich bin nicht sicher, ob Sie den Wein überhaupt probieren müssen – ihn zu besitzen, sollte schon genug sein.

Also weiter – welche Flasche hätten Sie denn gern? Sie können wählen. Der Lafite-Rothschild aus dem Jahre 1858 kostet Sie 3000 Dollar, wenn Sie eine Kiste kaufen, kommen Sie wohl besser dabei weg. Mit einem 1858er fahren Sie sehr gut. Fühlen Sie sich schon etwas sicherer? Für nur 2395 Dollar gibt es den 1865er. Bringt Sie das in Schwulitäten? Ich habe Beziehungen. Wenn Sie sich jetzt auf der Stelle entscheiden – der Preis könnte sich jeden Moment ändern – kann ich Ihnen den Instant-Snobismus mit einer Flasche Château Palmer, 1893, zusichern. Sherry-Lehmann verkauft sie für 735 Dollar. Ich gebe zu, daß das dann allerdings kein erstklassiger Snobismus ist; es ist eben kein Lafite oder Mouton oder Margaux. Aber immerhin ist es ein Wein aus dem letzten Jahrhundert und es gibt nur ein paar Flaschen in der Welt, die es mit ihm aufnehmen können.

»Kann man ihn auch noch trinken?«

Wie sollte ich das wissen? Lassen Sie mich etwas aus ›Wm. Sokolin Wineletter‹ zitieren:

»Ich habe vor kurzem eine Flasche Lafite aus dem Jahre 1832 dekantiert und bin fest davon überzeugt, daß es der beste Bordeaux war, den ich je probiert habe.«

Wenn ich Ihnen Instant-Weinsnobismus anbiete, könnte ich zur gleichen Zeit fast auch Instant-Wohlstand anbieten. Sie stehen natürlich weit über solchen Überlegungen, und deswegen werde ich bei der Tatsache auch nicht länger verweilen, daß die Weine aus dem neunzehnten Jahrhundert ihren Preis im vergangenen Jahr verdoppelt haben. Sie können Ihr Geld ja sowieso nicht verdoppeln und gleichzeitig die Ware auch noch konsumieren. Dieser Interessenkonflikt bereitet sicher niemandem Kopfweh, der einen so edlen Charakter hat, um sich mit dem Weinsnobismus abzugeben.

Erlauben Sie mir, Ihnen ein paar Methoden aufzuzeigen, die sich nicht eignen. Es geht nicht an, daß Sie einen 1865er Lafite kaufen und davon dreiundzwanzig Anteile zu 150 Dollar verkaufen. Das zeugt zwar von Geschäftstüchtigkeit, ist aber beim Chaîne des Rôtisseurs indiskutabel. Ein Vierundzwanzigstel einer Flasche zu nippen – das sind 3 cl – und dann zu behaupten, man habe den Lafite 1865 probiert, ist soviel wert wie ein paar Bleistiftstriche von Dali zu kaufen und zu behaupten, man besitze einen Dali. So etwas käme Ihnen sicher nie in den Sinn.

Eine andere Möglichkeit ist Madeira aus dem neunzehnten Jahrhundert. Er ist authentisch alt und dazu noch großartig; aber er verleiht kein augenblickliches Prestige. Sein Preis ist vernünftig – ein 1863er Madeira kostet Sie 135 Dollar – und er ist relativ leicht erhältlich. Aber gerade das ist es, was Ihren Interessen zuwiderläuft. Die Reihen der Bordeaux-Weine aus dem neunzehnten Jahrhundert haben sich schon ziemlich gelichtet und machen ihn dadurch umsomehr zu etwas Besonderem.

Schließlich gibt es noch die Wohltätigkeitsveranstaltung, und ich würde Ihnen kaum davon abraten. Sie kaufen einen 1822er Lafite zu 30 000 Dollar (eine Flasche ging für 31 000 Dollar an der Heublein-Auktion im Mai 1980 weg) und überlassen ihn Ihrer bevorzugten karikativen Stiftung, wobei Sie sofort in den Genuß eines Steuerabzugs kommen. Auf der 50-Prozent-Stufe kostet Sie die Flasche somit nur noch 15 000 Dollar und hilft obendrein noch Ihren Mitmenschen. Dann organisieren Sie eine Party, auf der dieser außergewöhnliche Wein probiert werden kann – Wein, der zu Lebzeiten von Thomas Jefferson abgefüllt wurde. Für einen Tausend-Dollar-Beitrag offerieren Sie einen Schluck; für 500 Dollar darf man mal dran riechen. Sie laden die Honoratioren der Stadt und ein paar Größen aus der lokalen Feinschmeckerszene ein. Aber aufgepaßt mit der letzten Gruppe; die erwarten nämlich, daß sie den Wein auch probieren dürfen. Die Presse wird dabei sein – denken Sie ans Bier für diese Leute – und Sie sind zu Recht der Mann des Jahres. Nur eine vorsichtige Warnung meinerseits: Dieser edle Zug hat mit Wohltätigkeit zu tun und nicht mit Weinsnobismus. Wenn Sie glauben, auf dem Rücken Ihres Steuerabzugs in die Hallen der Wine and Food Society Einzug halten zu können, haben Sie sich geirrt. Wir werden zwar Ihre Großzügigkeit applaudieren, aber erwarten Sie bitte nicht unsere ungeteilte Aufmerksamkeit, wenn Sie anfangen, den Wein zu beschreiben.

Vielleicht bin ich auch nur neidisch. Ich habe noch nie einen Wein aus dem neunzehnten Jahrhundert probiert. Diese Tatsache hat meinen Rang in der Weinzunft ernsthaft gefährdet und hat mich den Weinsnobs, die sich gelegentlich über einen 1865er Lafite unterhalten, schutzlos preisgegeben. Nur einmal in meinem Leben kam ich dem Probieren eines Weines aus dem letzten Jahrhundert sehr nahe, aber er entzog sich dann doch meinem Zugriff. Es war anläßlich des 417. Treffens der Wine and Food Society in New York: Es ging um eine Vergleichs-Probe von einundzwanzig Jahrgängen aus dem gleichen Weingut. Die älteste Flasche datierte aus dem Jahr 1899.

So eine Probe gehört zu den interessantesten und lehrreichsten Anlässen beim Studium und bei der Beurteilung von Weinen. Die Tatsache, daß wir einen Château Latour – einen der fünf besten Bordeaux überhaupt – probieren sollten, machte es noch außergewöhnlicher. Wer wußte denn schon, was wir entdecken würden? Der aufregendste Vergleich wird vielleicht zwischen dem 64er und dem 66er sein. Sicher werden wir auch über die 70er sprechen und darüber, ob er schon trinkreif ist – was wohl kaum der Fall sein dürfte. Die große Diskussion wird darum gehen: »Welches ist die beste Flasche dieser Weinkostprobe?« Ein großes Kontingent wird sich hinter die neunundfünfziger und einundsechziger aufstellen, und selbstverständlich auch bei dem Wein von 1899.

Ich habe mich natürlich für die 1899er eingereiht; nicht wegen des Weins – so eine alte Flasche könnte sogar ungenießbar sein – sondern wegen des Jahrgangs. Es stimmt schon, daß es nur ein paar Monate auf der richtigen Seite der Jahrhundertwende war, aber es waren ganz besonders kostbare Monate, die für mich eine Aufnahme in den exklusivsten Club bedeuten würden.

Und dann passierte etwas Unvorhergesehenes: Als die Mitglieder ihre eigenen Flaschen aufmachen wollten, näherte sich niemand dem 1899er. Wir warteten ein paar Minuten – jemand versuchte es mit einem Telefongespräch –, aber es wurde bald klar, daß der Spender an der Weinprobe nicht anwesend war. Wie

sollte es jetzt weitergehen? Sollte man die Flasche aufmachen oder nicht?

Da stand ich nun, meinen guten Ruf auf Lebenszeit fast schon im sicheren Hafen wissend, und ließ die 1899er Flasche nicht aus den Augen. Aber wo blieb der Spender?

Der Vorsitzende sprach sich dafür aus, daß man die Flasche nicht öffnen sollte. Fairerweise muß ich zugeben, daß ich an seiner Stelle gleich entschieden hätte. Er wandte ein, daß der Spender das Recht habe, seinen eigenen Wein zu probieren, und daß die Flasche nicht zu ersetzen sei. Außerdem sei es bestenfalls unhöflich, den Wein in seiner Abwesenheit zu öffnen.

Soviel zum Vorsitzenden – ein Mann, der zufälligerweise eine der wichtigsten Weinkollektionen der Welt sein eigen nennt.

Was wußte der schon vom Weinsnobismus? Was wußte der schon von meiner Not, meiner nie wiederkehrenden Chance?

Ich packte die Gelegenheit beim Schopf und argumentierte mit Vehemenz dafür, daß die Verpflichtung des Spenders dem Anlaß galt, der übergeordnete Bedeutung besaß. Zwei oder drei der unsichersten und versnobtesten Mitglieder – ihre Augen klebten förmlich an der Etikette ›1899‹ – gaben mir Schützenhilfe und wiesen auf die zwei Möglichkeiten hin: Wenn wir die Flasche doch öffnen, ist der Besitzer vielleicht enttäuscht, aber wenn wir sie nicht öffnen, ist der ganze Zweck dieser Veranstaltung in Frage gestellt.

Schließlich wollte jemand wissen, ob der Spender Instruktionen durchtelefoniert habe. Das war nicht der Fall, und unsere Gruppe bestand darauf, daß wir ohne diese gegenteilige Meldung auch keine Verpflichtung hätten, die Flasche nicht zu öffnen. Die Opposition, für einen Augenblick etwas ratlos, entgegnete, man könne von niemandem die telefonische Nachricht erwarten: »Ich kann bei der Veranstaltung leider nicht dabei sein; machen Sie meine Flasche also bitte nicht auf.« Die Entscheidung, den Wein nicht zu öffnen, setzte sich durch.

Während wir in diese eher unbedeutende moralische Auslegung verwickelt waren, probierte ich eine rechte Menge vom Château Latour aus den Jahren 1940, 1952 und 1959. Ich gewahrte rechtzeitig ein gewisses Abrücken von meinem Vorsatz, eine gewisse Würdigung des Augenblicks und sogar einen Hauch von Großzügigkeit dem ausgebliebenen Spender gegenüber.

Ein allgemeines Wohlwollen breitete sich aus. In dieser Gemütsverfassung, in der die Zukunft so abstrakt und die Gegenwart so himmlisch scheint, habe ich irgendwie meinen Standpunkt aus den Augen verloren, und der Vorsitzende trug den Sieg davon. Der 1899er Latour blieb verschlossen, so wie mir wohl mein Renomée verschlossen bleiben wird – auf immer und ewig.

Welchen Wein zu Ente?

Es nennt sich DAS WEIN-COMPUTER-VERKUPPLUNGS-SPIEL und funktioniert in etwa so wie ein Partner-Vermittlungs-institut, bei dem die Interessenten ihre persönlichen Daten einschicken und der Computer dann einen passenden Partner aussucht. Ich habe mir allerdings sagen lassen, daß einige Abonnenten gern mal den Programmierer in die Finger bekommen möchten.

Wir verkuppeln Wein und Speisen in ähnlicher Weise. Das sind die Spielregeln: Ich beschreibe den Charakter des Gerichts und stelle drei Weine zur Wahl. Sie arrangieren das Rendezvous. Sie berichten mir hinterher über den Wein und das Essen, und ich beurteile Ihre Wahl.

Das hat nichts mit Weinsnobismus zu tun. Lassen Sie diese Ambition mal für eine Weile auf der Seite. Hier lernen Sie etwas; ohne Grundkenntnisse können Sie nämlich kein Weinsnob werden. Es ist wie in der Literatur, Sie müssen die Klassiker studieren.

Das Gericht: Pochierter gestreifter Barsch

Der Wein: Chablis
Muscadet
Kalifornischer Chardonnay

Die Auswertung

Ein pochierter gestreifter Barsch ist ein zartes, empfindliches Wesen. Der Geschmack ist raffiniert und schwer definierbar; er verträgt keine Herausforderung. Ein Muscadet ist angemessen friedlich, dafür ein bißchen zu fruchtig. Sogar schon dieses Quentchen Selbstbehauptung wird einen pochierten Fisch einschüchtern. Ein kalifornischer Chardonnay, besonders in Eichenfässern gekelterter, wird das Gericht erdrücken. Die Wahl gilt dem Chablis mit seinem feuersteinartigen Geschmack und seinem feinen, kernigen Charakter – einem reformierten Pfarrer gleich.

Das Gericht: Sole Amandine

Der Wein: Chablis
Muscadet
Kalifornischer Chardonnay

Die Auswertung

Genaugenommen ist es kein »Fisch« mehr, der Geschmack der gerösteten Mandeln überwiegt jetzt. Das Gericht hat genug Eigenartigkeit und Festigkeit, um den Wein auszugleichen. Der Chablis ginge zwar, ist aber doch zu kernig. Der Chardonnay, wohl akzeptabel, ist aber doch zu aggressiv. Der Muscadet hat die richtige Kombination von Frucht und Gradlinigkeit, um den halbsüßen, nußartigen Geschmack der Seezunge zu ergänzen.

Das Gericht: Gestreifter Barsch, Livorneser Art
(mit Zwiebeln, schwarzen Oliven und
Pilzen an einer würzigen Tomatensauce)

Der Wein: Chablis
Muscadet
Kalifornischer Chardonnay

Die Auswertung

Geben Sie sich einen Extrapunkt, wenn Sie mit »keinen der obigen Weine« geantwortet haben. Der beste Wein für eine Zubereitung nach Livorneser Art ist ein leichter Roter wie Bardolino, Beaujolais oder Rioja. Dieses Gericht duftet förmlich nach dem Süden. Es braucht das Fruchtige der roten Traube. Von den drei Weinen eignet sich der Chardonnay am besten. Die Gleichung ist einfach: kräftiges Gericht = kräftiger Wein. Ein Muscadet ist nicht schlecht, hat aber nicht die Kraft, um es mit einer würzigen Tomatensauce aufzunehmen. Ein Chablis würde untergehen.

CAVIAR & CHAMPAGNE

BEEF BOURGUIGNON With ZIN-FANDEL

POACHED STRIPED BASS & CHABLIS

SWEET-BREADS + WHITE BURGUNDY

Jetzt zu ein paar anderen Gerichten, die schon immer den Weincomputer auf die Probe gestellt haben.

Das Gericht: Gebratene Ente à l'Orange

Der Wein: Pouilly-Fuissé
Beaujolais
roter Burgunder

Die Auswertung

Um die gebratene Ente streiten sich die Geister. Es wäre schwer, einen falschen Wein zu finden. Einzige Bedingung: Er darf nicht leicht sein. Der Chablis ist zum Beispiel keine gute Wahl, weil Ente – wie auch immer zubereitet – ein derbes Gericht ist. Das schließt den Pouilly-Fuissé, ein weißer Burgunder mit ähnlichen Eigenschaften wie der Chablis, von vornherein aus. Ein Beaujolais hat einen fruchtigen und würzigen Ausdruck, aber der Charakter einer gebratenen Ente ist nicht würzig. Das Gericht hat einen ausgeprägten Geschmack mit einem Anflug nußartiger Süße – egal, ob nun mit oder ohne Orangensauce angemacht. Es ist im Grunde ein zu kräftiges Gericht für Beaujolais. Die erste Wahl fiele auf einen roten Burgunder; ein Chambertin wäre ideal. Seien Sie nicht so knauserig – ein dünner Volnay zum Beispiel würde von der Ente erschlagen werden.

Das Gericht: Kalbsbries (einfache Zubereitung)

Der Wein: Chianti
roter Bordeaux
weißer Burgunder

Die Auswertung

Falls Sie auf Chianti gesetzt haben, ziehen Sie drei Punkte ab und kehren Sie zu Ihren Cocktails zurück. Chianti ist ein aggressiver Wein, Kalbsbries ist ein scheues Gericht. »Scheu« ist allerdings nicht gleichzusetzen mit fehlender Charakterstärke. Kalbsbries hat eigentlich einen starken Charakter; es hat Rückgrat, Eigenständigkeit. Zu seiner Eigenart gehört aber, daß es nicht gleich hervorprescht oder einen herausfordert; es ist zurückhaltender, will selber hervorgelockt werden.

Kalbsbries fühlt sich bei einem Wein wohl, der sich durch eine ähnliche unterschwellige Kraft auszeichnet. Ein weißer Burgunder wie ein Montrachet oder ein Meursault wäre goldrichtig. Warum dann also kein roter Bordeaux? Ein roter Bordeaux hat doch die innere Kraft. Ja, schon, aber er hat dazu noch die Intensität der roten Traube – genug, damit sich das Kalbsbries verzieht.

Das Gericht:	Beef Bourguignon
Der Wein:	roter Burgunder
	Kalifornischer Zinfandel
	roter Bordeaux

Die Auswertung

Obwohl der klassische Wein für Beef Bourguignon ein kräftiger roter Burgunder – La Tâche, Musigny, Chambertin kämen in Frage – ist, werden Ihnen für Bordeaux oder Zinfadel keine Punkte abgezogen. Die Befürworter von Burgunder argumentieren, daß Beef Bourguignon im Burgunder gegart wird und daß Tisch- und Kochwein aufeinander abgestimmt werden sollten. Vielleicht ist da was dran.

Dies ist ein sehr kräftiges Gericht, und wenn Sie sich für roten Bordeaux entschieden haben, wählen Sie einen starken. Eine Ehe zwischen einem Rindseintopf und einem Cos d'Estournel 1970 dürfte sich als ideal erweisen. Ein Zinfandel, der kräftigste unter den kalifornischen Roten, könnte den Kampf auch mit einem Rindseintopf aufnehmen – und was für eine herrliche Schlacht das wäre!

Das Gericht:	Kaviar
Der Wein:	Chablis
	Champagner
	Soave

Die Auswertung

Auch hier gilt die allgemeine Übereinstimmung: Die klassische Heirat ist Kaviar mit Champagner. Ihre Wesen passen zueinander – aristokratisch, reizbar. Das ist wirklich eine Ehe unter königlichen Familien. Falls der Computer nicht auf Königshäuser programmiert ist, wäre ein feiner, eleganter Grand Cru Chablis köstlich. Soave, ein ziemlich ungeschliffener, rauflustiger italienischer Weißwein, wäre keine gute Wahl.

Wenn Sie in dem WEIN-COMPUTER-VERKUPPLUNGS-SPIEL gut abgeschnitten haben, zeugt das von einem natürlichen Talent, die Verträglichkeit von Küche und Keller festzustellen – und von einem fundierten Wissen in der Gastronomie überhaupt. Eine Karriere als Programmierer, im Hotelfach oder als Oberkellner bietet sich an.

Ihr Flair kann aber auch ein Hinweis dafür sein, daß die Einladungen bei Ihnen in gewissen Kreisen an der Goldküste vom Zürichsee Gesprächsstoff sind. Falls Ihnen noch nichts Entsprechendes zu Ohren gekommen ist, nehmen Sie sich das nächste Kapitel vor: Das WIE ist das A und O beim Kochen – nicht das WAS!

Das »WIE«, nicht das »WAS«, ist das A und O beim Kochen

Mary Elizabeth macht sich schon die ganze Woche Gedanken über ihre Abendeinladung. Schließlich ruft sie die Weinhandlung in der Stadt an und bittet um Vorschläge.

»Es gibt Kalbfleisch«, sagt sie.

»Ich würde einen Weißen empfehlen, vielleicht einen kalifornischen Chardonnay.«

»Paßt der denn gut zu Kalbfleisch?«

»Ideal zu Kalbfleisch.«

So eine Unterhaltung wiederholt sich in Tausenden von Haushalten; überall ist man dabei, Wein und Speise harmonisch aufeinander abzustimmen. Die Empfehlung der Weinhandlung stimmte aber nicht; die Gastgeberin hatte nicht gesagt, wie sie das Kalbfleisch zubereitet. Ihr schwebte eigentlich vor, das Fleisch mit Schinken und Käse zu füllen. Dazu braucht's natürlich einen Roten.

Eine andere Gastgeberin, die genauso verunsichert von der geheimnisvollen und verworrenen »Partnersuche« war, stellte ihrem Weinhändler die gleiche Frage: »Es gibt Kalbfleisch.«

»Ich schlage einen leichten Roten vor; ein 1973er roter Bordeaux wäre sehr gut.«

Auch hier hat die Gastgeberin nicht gesagt – und der Weinhändler hat sich auch nicht danach erkundigt –, wie sie das Fleisch zubereiten wird. Sie denkt an Piccata, also leicht paniert und deutlich mit Zitrone abgeschmeckt.

Der rote Bordeaux wäre nicht schlecht, aber ein Chardonnay wäre ideal.

Überall spielt sich das gleiche ab: Die Gastgeber liefern falsche – oder zumindest unvollständige Angaben – und die Weinhändler schlagen den falschen Wein vor. Die Speise ist nicht ausschlaggebend, auf deren Zubereitung kommt es an.

Wenigstens sind wir vom Grundsatz, ROTWEIN MIT FLEISCH, WEISSWEIN MIT FISCH, abgekommen. Es scheint jetzt klar zu sein, daß Kalbfleisch, Lamm und Huhn – ja, sogar Rindfleisch und Fisch – mit einem Roten oder einem Weißen serviert werden kann. Unklarheit scheint aber noch darüber zu bestehen, warum oder wann das möglich ist. Eine einfache Regel erläutert das: Passen Sie den Wein der Zubereitung an.

Sie brauchen kein Kochschuldiplom, um Wein und Speise zu vermählen. Es ist nur eine Frage der Logik. Vergessen Sie mal den Grundsatz und überlegen Sie sich, wie das Gericht einzustufen ist: leicht oder schwer, scheu oder selbstbewußt? Leichtere Gerichte ergänzt man mit einem leichten Wein, schwerere Gerichte mit schwerem Wein. Es klingt fast bedrückend einfach – und ist es auch.

Fisch ist im allgemeinen leicht, aber wie bereiten Sie ihn zu? Pochieren Sie ihn mit etwas Butter oder garen Sie ihn mit Pilzen, Zwiebeln und Tomaten? Für die erste Zubereitungsart sollten Sie einen leichten und für die zweite einen mittelschweren Wein nehmen. Eine Fischkasserolle ist kein schweres Gericht – Rindseintopf oder Vitello alla Parmigiana dagegen schon.

Das Gericht haben wir beurteilt, nun kommt der Wein dran. Chablis, Muscadet, Sancerre und Pouilly-Fuissé gehören zu den leichten, Barolo, Châteauneuf-du-Pape, kalifornischer Cabernet und Zinfandel zu den schweren Weinen. Unter den mittelschweren findet man kalifornischen Chardonnay, Beaujolais, roten Burgunder und roten Bordeaux.

Kaum stehen diese vereinfachten Klassifizierungen da, höre ich auch schon die empörten Einwände der Weinexperten: »Wie können Sie einen Chambertin (roter Burgunder) als mittelschwer beschreiben? Es ist ein kräftiger Wein!«

Vollkommen richtig. Rote Bordeaux und Burgunder bieten ein breites Spektrum, es kommt so sehr auf die Qualität und den Jahrgang an. Uns geht es hier aber um eine allgemeine Betrachtungsweise; wir können nicht jedes Weingut beurteilen.

Fisch ist kaum je »schwer«, es sei denn, man serviert einen kräftigen Fischeintopf wie Cioppino. Rindfleisch dagegen ist kaum je »leicht«, mit der Ausnahme von vielleicht Carpaccio (hauchdünn geschnittenes, rohes Rindfleisch, oft an einer Sauce Vinaigrette). Kalbfleisch, Lamm oder Huhn können, je nach Zubereitungsart, leicht oder schwer sein.

Leber ist meistens schwer. Paniert und dick mit Zwiebeln angerichtet, ist es ein schweres Essen; eine etwas leichtere Art wäre in dünne Scheiben geschnitten und zartrosa im eigenen Saft gegart.

Kalbsbries, behutsam geschmort, gehört zu den leichten bis mittelschweren Gerichten; paniert und an einer gehaltvollen Kastaniensauce zählt es zu den schweren. Gebratenes Huhn ist leicht (oder mittelschwer); Hühnerbrust an Rahmsauce auf einem Spinatbett ist mittelschwer; Huhn an Rotweinsauce, Coq au Vin, ist schwer.

Jeder kann das selbst einschätzen; Experten gibt es da nicht. Ihre Beurteilung von einem Coq au Vin ist genauso richtig wie die eines anderen.

Vergessen Sie also alle Regeln, wenn Sie einen passenden Wein zum Essen suchen. Das ewig Wahre existiert nicht, mit etwas Geheimnisvollem hat es auch nichts zu tun. Nirgends werden Sie ein Gesetz wie die zehn Gebote finden. Nichts geht über den vernünftigen Menschenverstand. Stimmen Sie den Wein auf die Zubereitung ab – und genießen Sie den Abend.

Welcher Wein zu welchem Gericht?

»Welches Dessert würden Sie zu einer Trockenbeerenauslese bestellen?«

Diese Frage wurde Peter Sichel, dem Referenten an einer großen Probe deutscher Weine, gestellt. Eine spannende Frage, dachte ich, als ich an dem unwahrscheinlich honigsüßen Trunk nippte – die Flasche kostete 200 Dollar. Drei Möglichkeiten kamen mir in den Kopf: »Eine Schwimmende Insel? Ein schwerer Schokoladenkuchen? Ein Coupe aux Marrons?«

Peter überlegte eine Weile. Es war klar, daß er als weltgewandter, brillanter Sprecher – und Experte für deutsche Weine – die Frage ernstnehmen und sich nicht zu einer schnellen Antwort hinreißen lassen würde. Endlich, ich nahm ein leichtes Lächeln wahr, so als ob . . . ja . . . es war ihm eingefallen.

»Zitronenmousse«, sagte er.

Zitronenmousse: das war's. Der absolute Gegenspieler für einen der größten süßen Weine der Welt.

Eine Trockenbeerenauslese ist ein deutscher Rheinwein, einem Château d'Yquem ebenbürtig. Auch seine extreme Süße wird dadurch erreicht, daß man die Beeren am Weinstock läßt, bis sich die berühmte Edelfäule gebildet hat. An unserem Tisch nickten wir einander zu. Die Heirat von Zitronenmousse und Trockenbeerenauslese war ideal. Der scharfe, fast überbordende Geschmack der Zitrone würde ein guter Gegensatz zu der intensiven Süße des Weins sein. Peter weiß einfach immer Bescheid.

Seinen Vorschlag habe ich mir gut eingeprägt. An einer dieser Abendgesellschaften, an denen man unweigerlich Geschichten über die perfekte Verbindung von Speis und Trank austauscht, würde ich ihn wieder hervorziehen.

So machen das die richtigen Weinkenner: Sie theoretisieren darüber, welches Dessert man zu einer Trockenbeerenauslese nimmt, welcher Wein eine Gänseleberpastete begleitet und welcher Austern Rockefeller Art am geeignetsten ergänzt. Es ist –

wie könnte man es am besten nennen? – ein Weinspiel; ein Spiel, bei dem Wissen, Erfahrung, Phantasie, Stil und eine Prise Wagemut zum Einsatz kommen.

Ein solches Spiel kann der Beachtung eines Weinsnobs nicht entgehen.

Auf so einer glänzenden Verkupplungsidee, wie Zitronenmousse mit Trockenbeerenauslese, kann das Ansehen in der Weinzunft aufgebaut werden. Natürlich nicht Peter Sichels Ruf; ich meine damit viel mehr uns gewöhnliche Sterbliche, die so darauf bedacht sind, den richtigen Wein zu bestellen, ihn treffend zu beschreiben und dazu noch als distinguiert angesehen zu werden. Nein, distinguiert paßt nicht – Peter ist distinguiert – sondern eher als ein kritisches Mitglied der Weinzunft.

Der Weinsnob registriert also brillante Verbindungen von Wein und Speisen; dabei achtet er immer darauf, daß »brillant« der Schlüssel zum Erfolg ist. Er verachtet das Alltägliche; er sucht nach dem Einmaligen. Wenn Sie in einem guten französischen Restaurant den Weinkellner nach dem idealen Wein für einen Hirschpfeffer fragen, wird er Ihnen zu einem Châteauneuf-du-

Pape raten. Der Weinsnob hat kein Interesse an guten Ratschlägen, für ihn ist Das-Eindruck-Schinden oberstes Gebot. Eine alltägliche Kombination ist langweilig. Er würde einen kalifornischen Zinfandel vorschlagen.

Wenn es um Austern à la Rockefeller geht, würde der Weinsnob wieder nach etwas Phantasievollem Ausschau halten. Lautet die klassische Empfehlung Montrachet oder Meursault, kommt der Weinsnob mit Sancerre. Hier heißt es aber aufgepaßt, denn bei diesem Gericht haben wir gebackene Austern mit Spinat und Rahm vor uns. Ein Beaujolais wäre vielleicht etwas gewagt, aber doch noch akzeptabel. Klassischer roter Burgunder wie Musigny oder Chambertin eignet sich nicht dazu. Es braucht sehr viel Geschick, um zwischen wagemutigen und läppischen Entscheidungen zu unterscheiden.

Selbstvertrauen und Durchsetzungsvermögen sind die Trumpfkarten in dem Spiel WELCHER WEIN ZU WELCHEM GERICHT? Wenn Sie einen Beaujolais zu Austern Rockefeller vorschlagen wollen, bleiben Sie stark und machen Sie keinen Rückzieher, falls man Ihre Empfehlung anzweifelt.

»Haben Sie das schon probiert?« können Sie fragen.

Denken Sie mal an andere Gerichte und Weine. Was würden Sie zu einem Rognon de Veau à la Moutarde bestellen? Einen Wein aus dem Rhônetal? Fein, aber es gibt auch andere Möglichkeiten: einen kalifornischen Cabernet Sauvignon zum Beispiel oder einen italienischen Barolo. Beide könnten Sie mit Überzeugung vertreten.

Was nehmen Sie zu Bouillabaisse? Überlegen Sie sich erst einmal, was für ein Gericht das ist: charakterstark, ohne aber wirklich robust zu sein. Es ist zwar würzig, aber die Gewürze gewinnen nicht die Oberhand. Normalerweise würden Sie wohl einen mittelkräftigen roten Bordeaux wählen, eventuell einen Rioja. Aber die Idee eines starken, eichenen Chardonnay aus Kalifornien sollte auch nicht außer acht gelassen werden.

In dem Spiel WELCHER WEIN ZU WELCHEM GERICHT sammelt der Weinsnob Informationen, wägt die Möglichkeiten ab und macht dann seinen Einsatz. Er wird nach der Qualität seiner Wahl eingestuft – mehr noch allerdings nach seinem Gespür und seiner Vorstellungskraft. Ein Anflug von Frivolität schadet dem Ruf eines Weinsnobs keineswegs.

Die erlauchten Eß- und Trinkgilden

Zu den distinguierten Weingilden in Amerika gehören La Chaîne des Rôtisseurs, Les Amis du Vin, Les Chevaliers du Tastevin und The Wine and Food Society. Früher oder später muß der angehende Weinsnob der einen oder anderen Gesellschaft beitreten. Wenn ich die Wahl hätte, würde ich La Chaîne nehmen – einfach, weil der Name so einen eleganten Klang hat. Wenn Ihre Freunde Sie zu einem Kartenspiel einladen, können Sie sagen: »Ich würd' ja gern kommen, aber heute abend gibt es ein Treffen der Chaîne des Rôtisseurs.« Stören Sie sich nicht daran, falls Sie das nicht richtig aussprechen können, es wird keiner merken.

Gegen die Chaîne spricht die Uniform. Mitglieder tragen eine grelle Schärpe schräg über der Brust, und – hören Sie sich das mal an – der Rang in der Gilde gibt den Ausschlag für die Farbe dieser Schärpe. Normalerweise fordern die Traditionen im Weinsnobismus zwar nach solchem Pomp, aber die Chaîne-Mitglieder gehen doch zu weit. Vor kurzem aß ich mit Freunden in einem chinesischen Restaurant und die Chaîne feierte im Nebenzimmer einen Anlaß. Ich kenne viele Chaîne-Mitglieder und wollte mit dieser Tatsache meinen Freunden imponieren. Mein Vorschlag war, unsere Nudeln in Sesamöl für den Moment auf der Seite zu lassen und zu sehen, was die Chaîne wohl bestellt hat.

Ich wurde von den Chaîne-Mitgliedern begrüßt, die alle Smoking und ihre schönen, feierlichen Schärpen trugen.

Vielleicht hatten sie auch noch Medaillen an ihre Schärpen geheftet; das ist mir entfallen. Nachdem ich ein paar meiner Freunde vorgestellt hatte, kehrten wir an unseren Tisch zurück.

»Ist das die Weingilde, der du angehörst?« fragte mein Freund.

»Trägst du auch so eine Uniform zu den Wein- und Speiseproben?« fragte ein anderer.

»Um *Frühlingsrollen* zu essen?«

Es war peinlich, das läßt sich nicht bestreiten. Ich rang um die

Erklärung, daß ich Mitglied der Wine and Food Society bin und nicht der Chaîne des Rôtisseurs; für diese feinen Unterschiede war aber nicht der richtige Zeitpunkt. Meine Freunde, die ich seit Jahren mit meinem Ruf in der Feinschmeckerzunft zu beeindrucken versucht hatte, hatten jetzt ihre persönliche Bekanntschaft mit der Feinschmeckerzunft gemacht.

Das sind die Tatsachen, die gegen einen Beitritt in der Chaîne des Rôtisseurs sprechen.

Der Chevaliers du Tastevin – mit vollem Namen die Confrèrie des Chevaliers du Tastevin – ist eine seriöse und distinguierte Gesellschaft, deren Interessen sich auf die Burgunder Weine beschränken. Für alle Anlässe des Tastevin ist Smoking Vorschrift. Die Mitglieder legen sich außerdem ein karminrot-goldenes Ordenshemd um die Schultern, an dem ein Tastevin hängt, eine kleine silberne Schale zum Probieren des Rotweins.

Gegen einen Beitritt zu den Chevaliers du Tastevin spricht der lange Name. Es ist unmöglich, die Aufmerksamkeit einer gleichgültigen Zuhörerschaft zu halten, wenn eine sonst kurzweilige Weinanekdote ständig durch Hinweise auf die Confrèrie des Chevaliers du Tastevin unterbrochen wird. Dieses offensichtliche Versehen der Gründerväter hat dem Interesse an der Gilde aber keinen Abbruch getan. Es gibt eine lange Warteliste.

Les Amis du Vin hat keine Warteliste – was wiederum als Einwand gegen einen Beitritt zu dieser Vereinigung anzusehen ist. Sie zahlen 20 Dollar ein – und werden als Mitglied aufgenommen. Sie können auch mit Kreditkarte zahlen. Ich glaube nicht, daß wir bei einer Gesellschaft länger verweilen müssen, deren Mitgliedsbeitrag wie der Kauf eines Pyjamas beglichen werden kann. Das ist wohl demokratisch und die Demokratie hat durchaus ihre Berechtigung – aber bitte nicht in den Hallen des Weinsnobismus.

Die Wine and Food Society hat zwar keinen Namen wie die Chaîne, aber sie hat einen Anlaß, den BYOB. Sie wissen nicht, wofür diese Buchstaben stehen? BRING YOUR OWN BOTTLE ist des Rätsels Lösung – und dazu noch eine der größten Snob-Spektakel aller Zeiten. Um zu einem BYOB eingeladen zu werden, müssen Sie natürlich Ihre eigene Flasche mitbringen. Mit »irgendeiner Flasche« liegen Sie aber falsch. Eine Fünfzig-Dollar-Flasche, wie zum Beispiel ein Château Talbot 1961, als Opfergabe an die Weingötter, reicht nicht. Das garantiert Ihnen nicht einmal einen Stehplatz. Um einem BRING YOUR OWN BOTTLE-Anlaß beizuwohnen, müssen Sie schon etwas aus dem Nachlaß Ihres Großvaters beisteuern.

Das riecht förmlich nach Weinsnobismus. Wenn Sie Ihren Freunden gegenüber erwähnen, daß Sie an einem BRING YOUR OWN BOTTLE-Treffen teilnehmen werden, wollen die natürlich wissen, welches Erbstück Sie hervorholen.

»Ich nehme wahrscheinlich einen 45er Lafite mit.«

Geschafft – mit nur sieben Wörtern haben Sie Ihren Platz in der Hierarchie des Weinsnobismus ergattert. Jeder weiß, was ein Lafite kostet.

Es gibt noch einen Anlaß der Wine and Food Society – die Chaîne des Rôtisseurs machen's übrigens auch –, der Ihre Freunde und Bewunderer in helles Erstaunen versetzen wird: die vertikalen Weinproben.

Ihr Freund ruft an. »Im Century läuft der neue Woody Allen. Wie wär's?«

Sie warten mit Ihrer Antwort einen Moment – gerade lange genug, um ihn ein bißchen aus der Fassung zu bringen. Es soll nur um die Andeutung gehen, daß Sie vielleicht einen interessanteren Abend im Kopf haben.

»Ich würde mir das überlegen. Aber die Chaîne des Rôtisseurs veranstaltet heute abend eine vertikale Weinprobe des Château Pétrus.«

Ihr Freund ist verdutzt. In einem einzigen Satz haben Sie ihn mit Chaîne, Château Pétrus und der Vorstellung einer vertikalen Weinprobe bombardiert. Gleich drei Ikone in der Religion des Weinsnobismus.

Das hat ihn aus dem Gleichgewicht geworfen. Ahnungslos fragt er nach der Bedeutung einer vertikalen Weinprobe und muß dann eine Viertelstunde önologisches Fachchinesisch über sich ergehen lassen – und außerdem noch als ganz klein hingestellt werden.

»Von einer Vertikalprobe«, referieren Sie, »sprechen wir, wenn wir einen einzigen Wein einer bestimmten Zeitspanne probieren. So können wir den 66er Pétrus mit dem 64er vergleichen. Wir können auch feststellen, ob der Jahrgang 1953 schon nachläßt und ob der 1970er schon trinkreif ist. Das setzt profunde Kenntnisse eines Château Pétrus – oder irgend eines anderen Weines – voraus.«

Gute Arbeit! Das haben Sie mit Raffinesse und Eleganz gemeistert. Sie haben die Information nicht angeboten; man hat Sie ja darum gebeten. Sie mußten auch nicht die ganze Palette Ihres Fachvokabulars ausschöpfen; Sie haben eben nur gesagt, wie es ist.

Ihr Freund ist angemessen beeindruckt (und auch ohne Begleitung für den Kinobesuch). Er probiert's weiter. Dabei kann er natürlich die Bemerkung nicht unterlassen, daß er Sie angerufen hat. »Weißt Du, wohin Leonard heute abend geht? An ein Treffen der Chaîne des Rôtisseurs zu einer vertikalen Weinprobe.«

»Eine was?«

Das sind die Grundmauern Ihres Ansehens als Weinsnob.

Die Chaîne und The Wine and Food Society lassen Gäste zu – nicht, um gesellschaftlichen Verpflichtungen nachzukommen, sondern eher um potentielle Mitglieder und seriöse Weinfachleute in ihren Vereinen einzuführen. Darum kümmert sich allerdings keiner. Sie bringen jemanden mit, auf den Sie partout einen Eindruck machen wollen.

Es ist ein wichtiger Grund, warum der Weinsnob-in-spe der einen oder anderen Vereinigung beitreten sollte. Es gibt sicher jemanden – jemand aus der Schickeria, weltmännisch, gebieterisch, arrogant –, den Sie auf Teufel komm raus beeindrucken wollen. Mit einer Einladung zu einer Vertikalprobe von Pétrus-Weinen oder zu einer Cabernet Sauvignon-Probe von Mondavis erreichen Sie sehr viel, besonders, wenn Sie so nebenbei erwähnen können, daß Mondavi eigens zur Kommentierung des Anlasses angereist kommt. Wenn Ihr Versuch, einer der Zünfte beizutreten, noch nicht von Erfolg gekrönt ist, und Sie eine Einladung zu einer Weinprobe haben, ist der Fall noch nicht hoffnungslos. Strikte Einhaltung folgender Empfehlungen kann Sie davor bewahren, Ihren Ruf als angehenden Weinsnob zu gefährden.

1. *Äußern Sie sich nicht ungefragt.* Sie sitzen mit acht oder zehn Mitgliedern und Gästen an einem Tisch und probieren verschiedene Weine. Die Versuchung wird groß sein, einen ausgesprochen klugen oder fundierten Kommentar abzugeben. Dieses Minenfeld sollte man am besten umgehen. Vielleicht gelingt Ihnen eine Bemerkung mit der genau richtigen Nuance, aber die Aussichten sind gering. Werden Sie gefragt, ob der Cabernet schon die nötige Reife aufweise, wenden Sie sich schnell an den Gastgeber und sagen Sie: »Was glaubst du, Roger?«

2. *Tun Sie nicht so, als ob Sie gerade aus der Provinz gekommen sind.* Es besteht die Tendenz, in diesem exaltierten Umfeld den Dummen zu spielen. Das ist nur eine andere Art Snobismus. Es entspricht in etwa der jungen Dame, die bei ihrem ersten Baseballspiel fragt: »Warum tragen die so niedliche Schutzkappen?« Sie sind da, weil Sie ein gewisses Interesse an Wein haben. Wenn Sie mit solchen Fragen aufkreuzen wie: »Was ist ein Cabernet Sauvignon?«, sind Sie das letzte Mal dabei.

3. *Kehren Sie nicht den Besserwisser hervor.* Wenn jemand fragt: »Glauben Sie, der Chardonnay hat zuviel Eiche?«, ist er auch davon überzeugt. Parieren Sie nicht mit: »Ich weiß nicht, ich trinke meist nur Riunite.«

Sollte Ihnen dieses Tischgespräch furchtbar versnobt vorkommen, denken Sie daran, daß Sie sich jetzt in der Hohen Schule des Weinsnobismus bewegen. Falls Ihnen die Unterhaltung nicht behagt, frage ich mich, was Sie überhaupt da wollen.

Dritter Teil

*Anläßlich eines Essens bestellt ein junges Paar bei Lutèce
einen 1890 Château Lafite-Rothschild – Kostenpunkt
1200 Dollar. André Soltner, der Besitzer, warnte vor so
einem alten Wein und schlug statt dessen einen 1961 Lafite vor,
der 400 Dollar kostete.*

*»Wir nehmen von beiden Jahrgängen je eine Flasche«,
erwiderte der junge Mann,
»dann können wir sie vergleichen.«*

Schloßherren unter sich

Wir standen kürzlich mal wieder an einer Cocktailparty – es war in Larchmont – zusammen und benahmen uns recht lässig. Reginald war dabei, also brauche ich nicht zu erwähnen, worüber gesprochen wurde. Man setzt automatisch voraus, daß Reginald sich in die Fernsehbude verziehen würde, wenn man nicht über Wein spricht.

Mir ist immer noch nicht klar, warum Reginald zu all diesen Partys eingeladen wird. Seine leichenblasse Erscheinung und sein einseitiges Interessengebiet lassen ihn anscheinend kaum zu den Henry Kissingers der Cocktailkreise zählen. Er ist trotzdem immer dabei; vielleicht, weil die Gastgeberinnen annehmen, daß Unterhaltungen über Weine kultiviert sind. Wenn Sie von dieser Vermutung ausgehen, ist die Tatsache natürlich nicht wegzuleugnen, daß eine Party ohne Reginald keine Party ist.

Jeder – ich zähle mich auch dazu – benahm sich furchtbar versnobt und ließ links und rechts Bemerkungen fallen wie »Als ich letztes Jahr auf Yquem war . . . « oder »Als Gael und ich bei La Grenouille dinierten . . . «

Die Unterhaltung schweifte zu den Weinen des Rhônetals ab, und jemand erwähnte die interessante Tatsache, daß einige der robusten, muskulösen Rotweine zu zehn Prozent aus weißen Trauben bestehen. Diese Bemerkung überraschte jeden, obgleich das natürlich niemand zugab – so ein Eingeständnis wäre das Ende aller Einladungen und der Anfang als Stammkunde im Pantoffelkino. Reginald hörte sich diese Geschichte über die weißen Trauben gelassen an und sagte dann: »Ja, das sagt man mir auch auf dem Château.«

Aller Augen richteten sich auf Reginald. Auf dem Château? Was für ein Château?

Es war eindeutig, daß er nicht irgendein Château meinte; er hatte das Château gesagt. Besaß Reginald ein Château? Keiner fragte; so eine Frage stellt man nicht. Wenn Amerikas distinguiertester Weinsnob »das Château« sagt, erwartet man von Ihnen, daß Sie wissen, welches.

»Das sagt man mir auch auf dem Château.« Einfach nicht zu übertreffen. Das erklärt auch, warum Reginald zu einer ganzen Reihe von Partys eingeladen wird, während Henry Kissinger sich zu Hause übers Rührei hermacht.

Endlich fragte jemand – einer mit sehr viel mehr Selbstbewußtsein als ich – welches Château Reginald meint.

Er erzählte uns, daß er einem Anleger-Konsortium – nur Reginald benutzt Wörter wie Konsortium – angehört, das dieses Château im Rhônetal gekauft hat. Die Frage gab Reginald die richtige Plattform, von der aus er etwa zwanzig Minuten lang uns in die Details einweihte. Er nannte auch noch den Namen eines bestimmten Rechtsanwalts in Manhattan, der die Gruppe vertrat.

Am darauffolgenden Montag erhielt dieser Rechtsanwalt neun Anrufe von »Freunden von Reginald«, die sich alle nach der Möglichkeit weiterer Aktien erkundigten.

Der Anwalt erklärte, daß die ersten Investoren in sieben Jahren noch keinen Gewinn erzielt haben. Er fügte hinzu, daß das Château schwierig zu verwalten und für die Anleger schwierig zu überprüfen sei. Letzteres, weil die Investoren sich auf einen französischen Verwalter verlassen müßten und eine Kontrolle da nicht leicht zu bewerkstelligen sei. Zusammengefaßt malte der Anwalt ein recht düsteres Bild der finanziellen Lage, was allerdings keinen der Neun dazu veranlaßte, seine Anfrage zurückzuziehen.

»Ich glaube, sie wollten einfach einen Anteil an dem Château besitzen«, erzählte mir der Rechtsanwalt später.

Seine Antwort strotzte von einer Naivität, wie man sie sonst nicht bei Rechtsanwälten in Manhattan kennt – besonders nicht, wenn es um ihre Honorare geht.

Natürlich wollten sie ein Château besitzen, dachte ich. Wollen Sie Weinsnob werden? Gibt es eine bessere Möglichkeit, als überall davon zu erzählen, was sich gerade auf »dem Château« zuträgt?

Kann man ein Château besitzen? Zweifelsohne. So wie der Kunstsammler einen Renoir kaufen kann – wenn auch unter einigen Opfern – kann der Weinsnob in ein Château investieren. Geld braucht man dafür schon; die Rhônetal-Anlage belief sich allerdings nur auf 3000 Dollar pro Aktie, eine ganze Ecke weniger als für irgendeinen Renoir.

Welches Château, spielt natürlich auch noch eine wichtige Rolle. Ich glaube nicht, daß Sie sich unbedingt in das Château Haut-Brion – wie Douglas Dillon – einkaufen müssen. Einige Namen werden wenig Bewunderung hervorrufen. So wie es Renoirs und Renoirs gibt, gibt es auch Châteaux und Châteaux. Das Château muß auch nicht unbedingt in Frankreich liegen. Sicher ist es die versnobteste Möglichkeit, aber heutzutage sind die Weingüter in Kalifornien durchaus akzeptabel. Versuchen Sie, eins mit einem eleganten Namen wie David Bruce oder Clos du Val zu erstehen. Das eine Problem, Teilhaber eines kalifornischen Weinguts zu sein, betrifft den Namen. Sie wollen doch nicht erwähnen müssen, daß Sie Anteile bei Gallo oder Schramsberg besitzen? Sie können sogar eine Anlage bei den Rhein- oder Moselweingütern ins Auge fassen, aber hier ist es wesentlich, auf den Namen zu achten. Wenn Sie auf einer Cocktailparty davon reden, daß Sie ein Stück von Schloß Vollrads besitzen, leert sich der Raum augenblicklich.

Mein bester Ratschlag lautet also doch: Bleiben Sie bei Frankreich und investieren Sie so wenig wie möglich. Hier geht es nicht um eine Übung in der Finanzstrategie. Es kann Sie schon etwas kosten; Weinsnobismus kann eine teure Beschäftigung sein.

Aber neben einer Mitgliedschaft in der Chaîne des Rôtisseurs oder der Wine and Food Society ist der Besitz eines Château der sicherste Maßstab für Ihr Standing in der Weinzunft.

Alle sechs Monate treffen sich die Besitzer und Sie können Ihren Freunden, die Sie für diesen Abend zu einem Essen einladen wollten, antworten: »Schon gern; aber leider gibt es dann ein Treffen der Château-Besitzer.«

Falls Sie niemand für den Abend zum Essen einlädt, kommt Ihnen bestimmt eine andere Idee, wie Sie das wichtige Ereignis an den Mann bringen können.

Der Weinkeller: Haben oder nicht haben

Haben oder nicht haben. Das ist eigentlich nicht die Frage. Die Frage lautet: Was sagen Sie, wenn Sie keinen Weinkeller haben? Natürlich ist es besser, einen zu haben. Sie können ein Keller-buch führen, Etiketten hineinkleben, einen Tastevin kaufen und bei Kerzenlicht dekantieren. Sie können sachverständig darüber diskutieren, welche Weine »einen Bodensatz bilden« und welche Kiste Sie »einlagern«; das sind gebräuchliche Keller-Aus-drücke.

Keinen zu haben, bedeutet, nicht mitreden zu können. Sie sind damit von der eigentlichen Sprache des Weinsnobismus ausge-schlossen.

Wenn Sie keinen Weinkeller haben, wollen Sie wohl kaum er-klären, daß Sie keinen Platz haben, oder – noch schlimmer – daß Sie das nötige Geld nicht haben. Obwohl Prahlerei nicht gut an-kommt, ist der Anschein von einer gewissen Kreditwürdigkeit durchaus wünschenswert.

Sie brauchen einen Grund, und den gibt es. Wenn man Sie fragt, vielleicht sogar mit einem leichten Ausdruck von Unverständ-nis, warum Sie keinen Weinkeller haben, antworten Sie:

»Der Thermostat.«

Mehr sagen Sie nicht.

Der Fragesteller wird der Aussage verständnisvoll zustimmen.

Sie müssen nämlich verstehen, daß der Weinsnob einen natürli-chen Feind hat. Nachts liegt er wach und überlegt sich, wie er den Bösewicht überlisten könnte – aber nichts hilft. Der Feind ist kein großer, nobler Gegner. Ganz und gar nicht. Der Wein-snob wird von einem kleinen, mechanischen Gerät geplagt, das weder besonders ausgeklügelt noch besonders teuer ist: dem Thermostat.

Das ist auch nicht schwer zu verstehen. Der gute Ruf eines Weinsnobs hängt von seinem Weinkeller ab und der wiederum von dem Thermostat. Es scheint eine instinktive Feindseligkeit zwischen Thermostat und Weinkeller zu herrschen, wobei die Einstellung des Thermostats dem Grundsatz folgt: Ich kann den Wein nicht trinken, warum sollte ich ihn also für jemand anders schützen?

Die Temperatur im Weinkeller muß ziemlich konstant bleiben, auf jeden Fall müssen große Schwankungen vermieden werden. Falls Ihre Kühlanlage im Sommer gereizt reagiert und an Hundstagen in den Streik tritt, kann das Ihre ganze Weinsammlung zunichte machen. Ebenso können Sie Ihr Weinlager abschreiben, wenn Ihre Heizung argumentiert: »Warum sollte ich mich bei den Null-Grad-Temperaturen anstrengen, wenn das Kühlsystem bei 35 Grad die Arbeit niederlegt?«

Sie dürfen nicht vergessen, daß diese Temperaturkontrolle 365 Tage im Jahr, 24 Stunden am Tag funktionieren muß. Eine Stromunterbrechung oder eine Betriebsstörung während Ihrer Ferien kann Sie viele gute Flaschen kosten. Der Mensch hat gelernt, mit Temperaturschwankungen fertigzuwerden; eine Kiste Bâtard-Montrachet aber nicht. Die meisten Kostbarkeiten dieser Welt – wertvolle Gemälde, Plastiken, Diamanten und Pelze – überstehen die Kaprizen der Temperatur. Nicht so ein Cheval-Blanc. Deswegen behandelt der Weinsnob den Thermostat mit Ehrfurcht.

In jeder Diskussion über Weinkeller, sogar über solche mit eingebauten Temperaturreglern, kommt der Ärger über die Abhängigkeit von der Technik zum Ausdruck. Die Bemerkung »Der Thermostat!« erübrigt alle weiteren Erklärungen. Wenn Sie von dieser Ausrede keinen Gebrauch machen wollen, aber immer noch auf Ihr Standing als Weinsnob Wert legen, sollten Sie als zweite Möglichkeit den Kauf eines Hauses mit einem richtigen, unterirdischen Steinkeller in Erwägung ziehen. Ich habe gehört, so etwas ist noch für 250 000 Dollar zu haben. Mit dem übrigen Geld – falls vorhanden – können Sie immer noch ein oder zwei Kisten Bardolino einlagern.

Fast jedes Weinbuch sagt Ihnen, wie Sie vorgehen müssen; fast jedes bringt ein Kapitel über den Bau und das Auffüllen eines Kellers. Viele Bücher bieten auch noch Alternativen an: einen Keller für den Anfänger, einen für den Profi, einen für den Betuchten und einen für den Minderbemittelten. Ich glaube aber, daß die Weinautoren den wichtigsten Keller übersehen haben, denn ich finde nirgends eine Empfehlung zuhanden des Weinsnobs. Überall aber wird doch gerade der Weinkeller als Voraussetzung für dieses Metier gepriesen.

Der Unterschied zwischen dem Keller eines Weinliebhabers und dem eines Weinsnobs besteht darin, daß ersterer Weine lagert, die er gern trinkt, und letzterer solche, über die er gern redet. Man kann natürlich auch beides machen. Eine Kiste 1966 Latour wird zwar von beiden Parteien honoriert, entspricht aber doch nicht den höchsten Erwartungen eines Snobs. Das wäre ja zu einfach, einfach eine Sache des Geldes und nicht des Fingerspitzengefühls. Der wahre Snob – genauso am Diskutieren wie am Trinken des Weines interessiert – wird eher nach einem Latour der weniger bekannten Jahre Ausschau halten. Während also jeder über seinen 66er Latour spricht, können Sie ruhig, aber bestimmt, Ihre Kiste Siebenundsechziger erwähnen.

»Stimmt schon«, geben Sie zu, »der 66er Latour ist köstlich, wenn man 150 Dollar springen lassen will, aber haben Sie mal den 67er probiert?«

(Natürlich hat er den 67er nicht probiert. Leute, die sich einen 1966er Latour leisten können, geben sich mit weniger bekannten Jahrgängen nicht erst ab.)

»Ist er gut?« fragt er etwas hilflos, nachdem er aus dem Mittelpunkt verdrängt wurde.

»Außerordentlich«, erwidern Sie, wobei Ihnen natürlich klar ist, daß »außerordentlich« für vieles stehen kann.

Kurz gesagt, der Weinsnob sucht das Esoterische. Er wird die Grands Crus bestimmt nicht ignorieren, aber für ein Kellergespräch geben sie zu wenig her. Jeder weiß, daß der einundsechziger Lafite ein großartiger Wein ist, wie auch jeder weiß, daß Björn Borg ein hervorragender Tennisspieler war. Mit solchen Weisheiten können Sie Ihr Gegenüber nicht bei der Stange halten. Der Weinsnob will mit seiner Bemerkung unbedingt durchblicken lassen, daß jeder, der Geld hat (sehr viel Geld allerdings), einen Lafite '61 kaufen kann, daß es für einen Latour '67 aber auch noch Sachkenntnis braucht.

Sachkenntnis kann man dadurch unter Beweis stellen, daß man einen großartigen Wein eines weniger bedeutenden Jahres oder einen weniger bekannten Wein eines großartigen Jahres einlagert. Auch zu wissen, welcher Winzer in Clos de Vougeot den besten Tropfen abfüllt oder welcher von den von Joseph Heitz abgefüllten Cabernet Sauvignon am vielversprechendsten ist, zeugt von Sachkenntnis. Da hilft es auch, wenn man eine Kiste außergewöhnlichen italienischen Barolo oder Gattinara, einen Rioja von hervorragender Qualität oder – wer weiß? – einen Wein aus dem Libanon oder aus Australien einlagert. Fachwissen hat immer mehr Respekt abverlangt als Geld. Das ist auch der Grund, warum man unter den Snobs so viele Gelehrte, besonders Hochschulprofessoren, findet.

Falls Sie nicht mit Fachkenntnis aufwarten können, verzagen Sie nicht – es gibt immer noch das Geld. Ich kann mich noch an eine Tischgesellschaft erinnern, unter denen sich auch enthusiastische und beschlagene Autosnobs befanden. Im Gespräch ging es hoch her; Peugeots, Jaguars und Mercedes wurden hin- und hergeschleudert und man machte viel Trara um XKEs, 505er und was weiß ich nicht alles. Ein kleiner, unscheinbarer Typ, der angestrengt zuhörte, aber nichts zur Unterhaltung beisteuerte, wurde dann aber doch von so einem XKE-Anhänger gefragt – etwas gereizt, wie es mir schien – was er denn fahre.

»Einen Rolls«, sagte er.

Ja, Geld gibt es immer noch. Ein bißchen unanständig, ein bißchen ordinär und bestimmt von der akademischen Gesellschaftspolitik mit Verachtung angesehen, kann es aber trotzdem für eine Kiste Romanée-Conti, das Kronjuwel der Burgunder, eingetauscht werden. Ich kann Ihnen versichern, daß sich eine Kiste Romanée-Conti in jeder Gesellschaft zeigen darf. Die Profis werden mit ihren 67er Latours herumschwirren; vor ihren Einkäufen hatten sie von den Niederschlagsmengen im September bis zu den Gärungszyklen alles recherchiert. Sie sind gut beraten, wenn Sie sich an dem Geplänkel, den Ausweichmanövern und der Angeberei nicht beteiligen. Lehnen Sie sich zurück und warten Sie, bis das Wetten und Setzen vorbei ist und die Karten auf dem Tisch liegen. Wie bei einem Rolls-Royce übertrifft nichts eine Kiste Romanée-Conti.

Esoterica

»Am Montag aßen wir in Roanne, am Dienstag waren wir zum Abendessen in Mionnay. Am Mittwoch ging's weiter gen Süden zu Madame Point, wo wir eine ausgezeichnete Poularde de Bresse hatten. Das Wochenende verbrachten wir dann in Crissier.«

Das ist ein Zitat von einem der distinguiertesten Weinsnobs Amerikas. Lesen Sie es sorgfältig durch und dann sagen Sie mir, wie die vier Restaurants heißen. Sie können nicht alle vier nennen? Sie nennen nur zwei? Na ja; erzählen Sie das aber nicht überall!

Handelt es sich hier um ein Quiz? Die Antwort ist nein. Reginald zählt nur die Drei-Sterne-Restaurants auf, denen er auf dem Alten Kontinent einen Besuch abgestattet hat. Unser Freund empfindet es als unfein, den Namen eines Restaurants zu nennen. Warum das so ist, verstehen seine Trabanten nicht so recht – wahrscheinlich liegt aber darin der Grund, warum wir die zweite Besetzung spielen.

In einem Moment unglaublicher Hemmungslosigkeit habe ich Reginald einmal gefragt, warum er sich bei La Pyramide nicht auf La Pyramide bezieht, sondern auf Madame Point. Er schaute von seinem Thron auf mich herab und sagte: »Es wird von einem wohl erwartet, daß man weiß, welcher Küche Madame Point vorsteht.«

Wenn Sie je in eine Unterhaltung mit Reginald geworfen werden sollten, müssen Sie die Sprache verstehen. Wenn man heimkehrt, erwähnt man nie den Namen eines Restaurants – man bezieht sich auf den Küchenchef. Wo der Küchenchef und das Restaurant den gleichen Namen tragen, so wie bei Girardet im schweizerischen Crissier oder bei Troisgros in Roanne, beruft man sich auf die Stadt.

Sie haben sicher inzwischen herausgefunden – ich hoffe es jedenfalls – daß dieses Spiel Esoterica heißt; eine Sprache, die von wenigen Auserwählten verstanden wird. So hält sich Reginald den Pöbel vom Hals.

Fairerweise muß ich sagen, daß diese Spielregeln nicht uneinge-

schränkt gültig sind. Ich kenne nämlich ein paar recht gut ausgewiesene Weinsnobs, die Girardet als Girardet und Troisgros als
Troisgros bezeichnen. Allerdings habe ich von niemandem, der
sich auf Troisgros bezogen hat, die Erläuterung gehört, dabei
handele es sich um ein Drei-Sterne-Restaurant in Roanne. Oder
jedenfalls von niemandem, dem ich gerne vorgestellt werden
möchte.

Und doch gibt es Ausnahmen. Paul Bocuses Restaurant etwas
außerhalb von Lyon wird oft als Bocuse bezeichnet (nicht Bocuses – vom Weinsnob erwartet man auch ein Flair für den Klang
der Sprache). Aber auch hier ist es besser zu sagen, daß man in
Lyon gegessen hat. Man weiß dann nämlich, wo Sie gespeist haben, auch wenn Bocuse nicht das einzige ausgezeichnete Restaurant in Lyon ist. Verwirrt Sie das? Es ist ganz einfach: Wenn
Sie Ihr Mittagessen in irgendeinem anderen Restaurant einge-
nommen hätten, wäre der Name gefallen. »Mittagessen in
Lyon« kann nur eines bedeuten.
Eine weitere Drei-Sterne-Ausnahme ist Paul Haeberlins Restaurant, das Auberge de l'Ill in Illhäusern. Es heißt nicht Haeberlin

– wahrscheinlich, weil es nicht so bekannt ist wie Girardet oder Troisgros. Und es heißt auch nicht Illhäusern, weil viele Ausländer da mit der Aussprache Mühe haben. Da bleibt leider nur »Auberge de l'Ill« übrig; und unter dem Namen kennt man es auch. Reginald läßt verlauten, daß er nie dort gewesen ist und daß er auch weiterhin einen großen Bogen um ein Restaurant machen wird, das man bei seinem Namen nennen muß.

Die letzte Ausnahme ist Paris: Es ist nicht bindend, sich bei einem Pariser Restaurant auf den Küchenchef zu beziehen. Es ist erlaubt zu sagen, daß man im L'Archestrate gegessen hat, ohne den Namen von Alain Senderens zu erwähnen. Die Einschränkung liegt hier auf »erlaubt«; Sie verlieren ja keine Punkte, wenn Sie Senderens nennen. Über Senderens schreibt man: »Senderens Küche, subtil und delikat, kann sich durchaus mit der Guérards oder sogar der von Freddy Girardets messen – und der ist heute wohl der größte Küchenchef überhaupt.«

Guérard? Aber doch bitte nicht bei diesem Namen ins Stolpern kommen! Michel Guérard ist gemeint, dessen Restaurant in Eugénie-les-Bains weltberühmt ist. Wie das Restaurant heißt? Das kann niemand behalten. Es wäre äußerst unbedacht, Guérard je anders als Guérard zu nennen. Wenn Sie glauben, daß diese Übungen im Snobismus nur kurios und nichts weiter als schrullig sind, hier ist der Beweis: Ich bestreite, daß Sie irgendeinen Gourmet finden, der Ihnen den vollen Namen des Restaurants in Eugénie-les-Bains sagen kann. Wenn er es überhaupt weiß, wird er mit »Guérard« antworten, und zwar auf eine Art und Weise, die einen Zusatz von vornherein ausschließt. Wenn Sie insistieren, dabei alle Vernunfts- und Anstandsregeln außer acht lassend, wette ich mit Ihnen darum, daß die Person den Namen von Guérards Restaurant einfach nicht weiß.

Das sind die Regeln beim Esoterica-Spiel – einem Spiel, das so schwer definierbar und so wählerisch ist, daß nicht einmal die Weinsnobs merken, wenn sie es spielen. Auch anderswo wird Esoterica gespielt: Der Kunstexperte sagt »Piero« und meint Piero della Francesca; Jazzfans sprechen von »Louis«. Es ist wohl die beste Art und Weise, unter seinesgleichen zu bleiben.

Le Tour Gastronomique

Über Troisgros und Bocuse muß man unbedingt mit den richtigen Schattierungen von Arroganz und Blasiertheit sprechen. Das setzt aber voraus, daß Sie diesen Etablissements einen Besuch abstatten. Der Weinsnob kann zwar mit seinen »Chambertins« hier und »Musignys« da im Rampenlicht stehen, aber das Gespräch über Weine führt unweigerlich zu einer Unterhaltung über Essen. In Null Komma nichts erwähnt jemand dann eine Flasche, die er bei Bocuse bestellt hat.

Bocuse! Ein Zauberwort. Das Interesse verlagert sich. Ein neuer Schauspieler, charmant und zuvorkommend, betritt die Bühne. In der Theaterwelt spricht man davon, daß ein Kind dem Star immer die Show stehlen wird, und im Königreich der Snobs wird Paul Bocuse einem Chambertin den Rang ablaufen.

Um Bocuse kommen Sie einfach nicht herum. Jede Diskussion über Wein birgt einen Hinweis auf Essen in sich – und wo es ums Essen geht, ist auch Bocuse nicht weit. Wenn Sie ständig von den Drei-Sterne-Restaurants in den Hintergrund gedrängt werden, sollten Sie wohl Le Tour Gastronomique ins Auge fassen.

Früher oder später passiert folgendes: Sie sitzen bei La Tulipe in New York, genießen ein wunderbares Geflügelgericht – zubereitet mit ganzen Knoblauchzehen – und sinnieren darüber, welcher Wein dieses Essen am besten abrunden würde. Dann fragt Sie jemand aus heiterem Himmel, ob Sie Alain Chapels Version in Mionnay schon probiert haben. (Wahrscheinlich sagt er nur Mionnay; man setzt voraus, daß Sie wissen, wer dort Küchenchef ist.) Alain Chapel – nur schon der Klang dieses Namens schüchtert einen ein. Dessen innewohnende Poesie vermittelt Faszination und Brillanz. Darauf gibt es keine passende Erwiderung. Auch die großen Châteaux dieser Welt können Sie nicht retten.

Sie sind bei Dodin-Bouffant in der 58. Straße und probieren dessen äußerst einfallsreiche Küche. »Aber hast du das Trüffel-Cassolette mit Spargeln bei Girardet probiert? Die Aiguillettes de Canard bei Troisgros? Die Petite Bouillabaisse bei La Mère Blanc?«

Es geht nicht anders; Sie müssen eine Tour Gastronomique planen: Acht Drei-Sterne-Restaurants in acht Tagen. Das ist zu schaffen, wenn auch nicht gerade auf die gemächliche und elegante Art. Es spricht sicher nichts dagegen, drei Wochen für die Reise vorzusehen. Aber vielleicht ziehen Sie dann China oder Israel (allerdings ganz ohne Tour Gastronomique!) für die einundzwanzig Tage vor und vollbringen das Drei-Sterne-Abenteuer in einer Woche. Schließlich arrangieren wir hier ja keinen Urlaub, sondern kümmern uns um unseren guten Ruf als Weinsnob.

Es erfordert Planung, Geld, Umsicht und Eile. Für Fehlkalkulationen gibt es keinen Platz: Alle Reservierungen müssen bestätigt werden. Für Magenerkrankungen gibt es keinen Platz: Ein verstimmter Magen ruiniert die Reise. Aber es ist zu schaffen, und dann wird Sie nie wieder jemand mit »Bocuse« von der Hauptbühne verdrängen.

»Bocuse? Ja, es ist ganz nett, aber finden Sie es nicht auch ein bißchen zu pompös? Haben Sie nicht das Gefühl, daß es bei Roanne seriöser ist?«

Die Tour Gastronomique beginnt mit einer Geographiestunde: Wo können Sie acht Drei-Sterne-Restaurants in unmittelbarer Nachbarschaft finden? Paris? Nun ja, dort finden Sie zwar sechs, aber das genügt nicht. Man ist sich darin einig, daß man heute die besten französischen Restaurants außerhalb von Paris findet. Die alte Hierarchie von Lasserre, Tour d'Argent und Taillevent hat inzwischen einige Schwachstellen. Folgen Sie der Karte Richtung Lyon, wo das Triumvirat von Bocuse, Chapel und Troisgros eine Autostunde auseinander liegt. Nehmen Sie diese Ecke als Ausgangspunkt. Chez La Mère Blanc liegt eine Stunde gen Norden entfernt: für Girardet und Père Bise brauchen Sie zwei Autostunden Richtung Osten. Pyramide, im Süden gelegen, erreichen Sie in weniger als einer Stunde. Und dann gibt es natürlich noch Paris.

Was dann kommt, mit Verlaub, ist eine kurze kulinarische Reisebeschreibung. Acht Restaurants – acht Tage. Ihr Ruf ist auf immer und ewig verankert.

Es gibt mehrere Möglichkeiten, aber alle schließen das Zentrum um Bocuse, Chapel und Troisgros ein. Sie können Girardet und Père Bise zugunsten von Pyramide in Vienne und Albert Pic in Valence auslassen. Aber Girardets Küche ist wirklich wunderbar und das gibt Ihnen außerdem noch die Gelegenheit, einen Tag in Genf zu verbringen. Wenn Sie sich für Girardet entschieden haben, bietet sich ein Besuch bei Père Bise als nächster Punkt auf der Karte an. Das ist wahrscheinlich das reizendste Gasthaus in Frankreich und macht Ihre Reise ausgewogener. Sie können natürlich auch Lameloise in Chagny berücksichtigen; das erweitert den Radius allerdings ziemlich Richtung Norden. Alles ist erlaubt. Ich schlage Ihnen hier eine Reiseroute vor, die Sie nicht bereuen werden.

Gehen wir mal davon aus, daß Sie Ihre Reise an einem Samstagvormittag in Genf beginnen. In einer knappen Stunde können Sie dann in Crissier zum Mittagessen sein. Sie werden bestimmt verstehen, warum viele Girardet für das beste Restaurant in Europa halten. Bestellen Sie das Menu de Dégustation oder eines der mehrgängigen Menüs, das Ihnen der Oberkellner empfiehlt. Entspannen Sie sich; Sie befinden sich in den Händen eines Meisters.

Verbringen Sie die Nacht in Genf und fahren Sie dann am Sonntag nach Frankreich zur Auberge du Père Bise in Talloires, ungefähr eine Stunde südlich von Genf. Abendessen bei Père Bise am Sonntag. Genießen Sie die Ambiente – atemberaubend. Die Reise lohnt sich sogar ohne die Drei-Sterne-Küche. Bestellen Sie wieder (und immer) das große Menü – in diesem Fall FF 320,– pro Person ohne Wein oder Aperitif (aber inkl. Service). Verbringen Sie die Nacht bei Père Bise.

Die Abendessen in diesen Restaurants sind anders inszeniert, als Sie es vielleicht von Ihrem Heimatland her kennen. Man offeriert Ihnen einen besonderen Aperitif – oft Champagner mit zerdrückten Himbeeren oder Eau de Framboise (bitte keinen Martini bestellen!) –, und mit dem Aperitif gibt es eine kleine Platte mit Hors d'Œuvre, Spezialitäten des Küchenchefs: Bei La Mère Blanc ist es beispielsweise eine winzige Cassolette d'Escargots mit Pilzen; bei Troisgros Cœurs de Canard, mit Kräutern in Butter gedünstet. Das Abendessen zieht sich über mehrere Gänge hin, fünf oder sechs im allgemeinen beim großen Menü. Anschließend legt man Ihnen noch die Käseplatte mit einer Auswahl von zwanzig bis dreißig Sorten ans Herz.

Dann kommt das Dessert. Vielleicht sind Sie es gewohnt, ein einziges Dessert wie Erdbeertorte oder Coupe aux Marrons zu bestellen. In Frankreich bringt man Ihnen den Dessertwagen, beladen mit den verschiedensten Kuchen und Torten, Früchten und Sorbets. Sie dürfen von allem probieren. Bei Girardet fangen Sie die Komposition vielleicht mit verschiedenen Sorbets an, z. B. je eine kleine Kugel Grapefruit, Limone, Tee (doch!), Ananas und Rhabarber. Dann geht es mit den Leckereien vom Konditor weiter, wahrscheinlich drei oder vier Probierstückchen. Niemand würde etwas dabei finden, wenn Sie auch noch von der Schwimmenden Insel probieren wollten. Dann kommt der Kaffee. Dazu gibt es Petit-Fours und Pralinen. Dem (leicht abgewandelten) Sprichwort »Wie Gott in Frankreich essen« wird man hier absolut gerecht.

Montag: Zwei Autostunden bis Lyon. Mittag- oder Abendessen bei Bocuse, Übernachtung in Lyon.

Dienstag: Eine etwa einstündige Fahrt gen Westen nach Roanne. Abendessen und Übernachtung bei Troisgros.

Mittwoch: Anderthalb Stunden bis Mionnay. Abendessen und Übernachtung bei Alain Chapel. Richten Sie es so ein, daß Sie gerade zum Abendessen eintreffen und fahren Sie am nächsten Morgen wieder früh weiter – eine Stadt Mionnay existiert nämlich so gut wie gar nicht.

Donnerstag: Einstündige Reise Richtung Norden von Vonnas zu Chez la Mére Blanc; Georges Blancs Küche hält jedem Vergleich in Frankreich stand. Er ist zwar weniger bekannt als Bocuse und Troisgros, aber trotzdem ein unbedingtes Muß auf der Tour Gastronomique.

Freitag: Zu guter Letzt noch die vier Stunden nach Paris – aber die lohnen sich für ein Abendessen im L'Archestrate, dem Tempel der Nouvelle Cuisine schlechthin. Am Samstag dann bei Taillevent; jahrein, jahraus immer noch der Maßstab für die klassische Küche.

Jetzt haben Sie Paris, Lyon, Roanne und Mionnay in Ihrem Reisegepäck und dazu natürlich noch den Geist, den Ideenreichtum und die gastronomischen Fertigkeiten der besten Küchen der Welt.

Die
Szetschuan-Lösung

Auf der Tour Gastronomique können Sie zwar die Reservationen und die Ausgaben unter Kontrolle halten, aber ein schwerwiegendes Problem läßt sich nicht so leicht lösen: Der menschliche Körper ist nicht darauf ausgerichtete, acht Drei-Sterne-Essen in acht Tagen zu bewältigen. Der Verdauungsapparat wird mit Foie Gras, Mousseline Sauce und Eiercreme-Schleckereien bestürmt – ganz abgesehen von den Bakterien einer unbekannten Gegend. Innerhalb von drei Tagen übt er den Aufstand. Die ersten Anzeichen sind ein Völlegefühl, begleitet von leichter Übelkeit. An den Konditoreien gehen Sie jetzt schnell vorbei und plötzlich verlieren die Käsegeschäfte ihren Reiz. Das Gehirn funkt dem Verdauungsapparat das Signal, daß auch nur eine Rahmsauce das ganze System zum Erliegen bringt.

Zu schade, ausgerechnet für heute abend hatten Sie Troisgros vorgesehen. Nur schon der Gedanke an Troisgros – sogar mit der heutigen Nouvelle Cuisine – löst ein Alarmsignal im Körper aus. Der Magen warnt das Gehirn, daß für ihn drei Sterne nicht in Betracht kommen und das Gehirn sendet das Signal. Mit der Tour Gastronomique ist es gelaufen.

Dies ist ein schwerwiegendes Problem, mit dem man rechnen muß. Es versteht sich eigentlich von selbst, daß acht Drei-Sterne-Restaurants in acht Tagen nicht ohne interne Rebellion über die Bühne gehen werden. Es gibt aber Abhilfen. Sie sind nützlich und sie sind ernst gemeint. Wahrscheinlich treffen sie nicht auf die einhellige Zustimmung der Gastroenterologen, aber sie retten Ihre Reise. Sie haben zwei Möglichkeiten zur Auswahl: Ihrem Arzt gefallen oder Ihren guten Ruf bewahren. Für einen Weinsnob gibt es nur die eine Antwort.

Es gibt vier Empfehlungen, weil je nach Verdauungsapparat eine andere Behandlung ratsam ist. Wahrscheinlich die zuverlässigste – und die einfachste – Methode ist Mineralwasser mit Kohlensäure. Es scheint eine Art chemische Putzreaktion im Magen zu bewirken, die Butter und Rahm neutralisiert.

Halten Sie Mineralwasser immer im Auto und im Zimmer; denken Sie daran, daß es besonders nachts leicht erreichbar sein sollte. Trinken Sie es regelmäßig, egal ob Sie durstig sind oder nicht, und fangen Sie gleich am Beginn Ihrer Reise damit an. Warten Sie nicht erst, bis das grüne Ungeheuer in Ihnen hochkriecht. Die verschiedenen Marken haben unterschiedliche Eigenschaften; Perrier nützt mir zum Beispiel nichts. Vielleicht liegt das an mir, aber ich würde doch eine andere Marke vorschlagen.

Die zweite Empfehlung ist Joghurt. Offenbar sind die Joghurtkulturen natürliche Feinde der Gänseleberkulturen; sie gehen jedenfalls gleich zum Angriff über. Sollte diese Erklärung wissenschaftlich nicht haltbar sein, denken Sie daran, daß dies keine Biologiestunde ist. Hier geht es nur um Tips, wie man mehr dieser unbeschreiblich reichhaltigen Speisen in kürzerer Zeit essen kann, als dem Körper eigentlich zuträglich ist. Mit Joghurt klappt's. Sie können auch schon welche vor Ihrem ersten Dinner essen und so der roten Armee erlauben, sich zu formieren, bevor die blaue Armee angreift.

Das nächste Remedium ist Fernet-Branca – so ungefähr das bitterste, was es überhaupt gibt. Fernet-Branca ist keine Vorsichtsmaßnahme; Sie nehmen es, nachdem das grüne Ungeheuer in Aktion getreten ist und Ihren Abend bei Troisgros gefährdet. Sie bestellen es am späten Nachmittag in irgendeiner Bar; seine Wirkung scheint daraus zu bestehen, daß es einer Novocain-Ladung gleich den Magen lähmt. Die Übelkeit wird ausgemerzt, der Appetit meldet sich wieder und das Festmahl bei Troisgros ist gesichert.

Fernet-Branca ist ein eigenartiger Likör. Auf dem Etikett wird er als »bitterer Appetitanreger« gepriesen. Seine Zauberkraft rührt vielleicht von den exotischen Zutaten her: Aloe, Enzian, Zitwerwurzel, Chinarinde, Cocculus palmatus, Galgantwurzel, Rhabarber, Zaunrebe, Angelika sowie Myrrhe, Kamille, Safran und Pfefferminzöl. Oder mit anderen Worten, ein Arzneimittel für was auch immer mit Ihnen los sein mag.

Wenn Sie es zum ersten Mal probieren – oder auch noch beim zweiten Mal –, fragen Sie sich, ob es Troisgros wert ist. Fernet-Branca ist ein starkes Zeug. Den Stachel könnte man ihm mit ein paar Tropfen Crème de Menthe nehmen. Die Wirkung wird dadurch nicht vermindert; nach einer Stunde oder so werden Sie Anzeichen einer allmählichen Besserung feststellen. Auf nach Roanne!

Als letztes gäbe es dann noch die Szetschuan-Lösung – eine angenehme, brauchbare und verständliche Methode bei Verdauungsstörungen. Vergessen Sie aber nicht, daß es sich bei diesen Unpäßlichkeiten hier um zuviel Foie-Gras handelt, die sich

durch ein wachsendes Völlegefühl zeigt. Wir sprechen nicht von stechenden Schmerzen oder Erbrechen. Die Szetschuan-Lösung geht wie folgt: Sie haben zuviel Rahmsauce gegessen? Zeit für eine Frühlingsrolle, Zeit für ein chinesisches Restaurant. Essen Sie mittags also mal einen Teller sauer-scharfe Suppe. Sie können sich nicht vorstellen, was so eine sauer-scharfe Suppe mit einer Anhäufung von Rahmsaucen macht. Es putzt Sie einfach durch wie Sipuro.

Ich meine es ganz ernst. Vielleicht ist es der Essig oder sind es die Gewürze; aber sauer-scharfe Suppe (und chinesische Speisen überhaupt) neutralisiert Rahm und Butter und Sie fühlen sich danach wie neugeboren. Ein chinesisches Essen bedeutet natürlich kein sechsgängiges Festessen. Das gibt es für Sie ja heute abend bei Bocuse. Die asiatische Küche wirkt wie eine Kur, sie löst das Problem. Das soll natürlich nicht heißen, daß es Ihnen nicht munden darf; Sie dürfen sich einfach nicht damit überessen.

Werden Sie in den Zentren von Frankreichs Feinschmecker-Szene ein chinesisches Restaurant finden? Aber sicher, und Sie werden überrascht sein, wie viele es davon gibt. Es gibt aber auch noch Alternativen. Was für chinesische Gerichte zutrifft, stimmt auch bei thailändischen und indischen Speisen. Eine Currysauce wirkt Wunder. Auf zu Bocuse!

Le Snob
Gastronomique

Im Snobismus ist alles relativ. Château Haut-Brion '66 ist ein prima Wein, aber Sie kommen damit nicht weit in einer Gruppe, die 61er Lafite einlagert. Ein Picasso an der Wand ist imposant, aber unter den Sammlern der Blauen oder der Kubisten-Periode lockt der falsche Picasso nur ein müdes Gähnen hervor.

Der Gastronomie-Snob, gerade von einer Drei-Sterne-Tour zurückgekehrt, möchte an der Cocktailparty vom kommenden Samstag natürlich gern »sein Bocuse« und »sein Troisgros« anbringen. Aber aufgepaßt. Bocuse und Troisgros finden zwar überall Anerkennung, aber es gibt eben auch Reisende, die schon fast alle Drei-Sterne-Restaurants in der Alten Welt kennengelernt haben. Unter solchen Profis ist Bocuse mit Picassos später Periode zu vergleichen: wertvoll, aber nicht klassisch.

Sie werden sofort merken, ob Sie sich in so einer Gesellschaft befinden. Reisende, die schon alle Drei-Sterne-Restaurants besucht haben, verschweigen ihre Route nicht. Eine Lösung ist Verschwinden, die andere Angreifen. Aber welches Restaurant greifen Sie mit welchem an? Bocuse? Troisgros? Pyramide? Tut mir leid, aber das geht nicht.

In der High-Society der Gourmets sind das alte Hüte. Sie waren schon am längsten dabei; sie sind am bekanntesten; sie gehören zu den Hauptstationen auf der Lyon-Tour; und zumindest Bocuse ist eine internationale Berühmtheit. Ich muß wohl nicht unterstreichen, daß irgend etwas Internationales oder irgend etwas mit dem Hauch einer allgemeinen Berühmtheit in der High-Snobiety nicht weit kommt.

Na, und wie ist es denn mit Paris und seinen sechs Drei-Sterne-Restaurants? Paris können Sie leider auch nicht erwähnen. Jeder war schon mal in Paris (oder jedenfalls jeder, mit dem Sie sich ein paar Minuten unterhalten möchten), und jeder hat eine Paris-Geschichte. Wenn Sie auf Pariser Restaurants zu sprechen kommen, ist es nur eine Frage, wer am lautesten schreien kann. Es kommt noch schlimmer; man hält auf die Pariser Restaurants nicht mehr so große Stücke wie auf die in der Provinz. Taillevent und L'Archestrate werden unter Snobs gerade noch akzeptiert, mit Lasserre und Vivarois ernten Sie nur ungläubige Blikke.

Beweis: Mimi Sheraton, die führende New Yorker Kritikerin der Gourmet-Szene:

> ...das protzige und kitschige Lasserre, mit seiner Schiebedecke, seinen Skulpturen aus gebratenem Brot und seinem Klaviergeplänkel, serviert ein Essen, das man an einem von einem Hotel gelieferten Bankett gerade noch akzeptieren würde.

Das sind also neun Drei-Sterne-Restaurants, die Sie nicht erwähnen können. Es gibt noch zwei: Le Moulin de Mougins und L'Oasis nahe der Südküste Frankreichs, auch als St. Tropez-Cannes-Route bekannt. Jeder reist dort entlang (die Riviera-Strände haben ihre eigenen Drei-Sterne-Attraktionen), und jeder ist auf Mougins und L'Oasis gestoßen.

Nein. Die Restaurants, die Sie in der Gourmet-Stratosphäre fallenlassen, müssen eine hervorragende Küche haben, abgelegen sein und eine PR-Aktivität entfalten, die weitaus weniger aufdringlich als die von Paul Bocuse ist.

Einer der besten davon ist Girardet in Crissier. Zugegeben, Crissier ist in einer Stunde von Genf aus zu erreichen, aber Genf liegt nicht an irgendeiner Gourmet-Route. Auf je fünf Bocuse-Besucher kommt einer auf Girardet. Die Küche ist absolut hervorragend, und das Restaurant – es besteht erst seit etwa 20 Jahren – hat sich auf seine Speisekarte konzentriert und nicht auf Werbekampagnen. Sehen Sie sich in den Buchgeschäften die Auslagen der Gourmet-Bücher an: siebenundzwanzig von Bocuse, fünf oder sechs von Troisgros, ein paar Michelins, ein Kléber und ein Gault-Millau. Nichts von Girardet. Das ist der Stoff, aus dem der Snobismus gemacht wird!

In der gleichen Klasse wie Girardet ist Michel Guérards Restaurant in Eugénie-les-Bains. Da es gut siebenhundert Kilometer von Paris entfernt und in einer gottverlassenen Gegend liegt, müssen Sie Eugénie-les-Bains anpeilen. Eine wunderbare Küche, ein abgelegener Ort und eine unterdotierte Werbeagentur: Von Guérard spricht man immer nur mit Ehrfurcht. Und doch, wenn Sie die Gourmet-Vereinigungen Amerikas befragen, rangiert Guérard – obwohl gut bekannt – unter den am wenigsten besuchten Restaurants. Ich glaube, man kann ruhig behaupten, daß jemand, der bei Guérard gegessen hat, sich mit einem Bocuse-Gast nicht abgeben würde.

Ein weiteres wäre Paul Haeberlins Auberge de l'Ill in Illhäusern. Den Ort einfach nur als abgelegen zu bezeichnen, hieße, ihm eine Bedeutung einzuräumen, die er nicht verdient. Illhäusern ist nicht mehr als ein Flecken. Es liegt im Elsaß an einer zwar recht beliebten Strecke, ist jedoch noch unscheinbarer als Eugénie. Illhäusern können Sie ohne Bedenken überall anbringen.

Chez La Mère Blanc in Vonnas ist ideal, weil es erst relativ spät seinen dritten Michelin-Stern erhielt. Es versteht sich von selbst, daß man keinen Gastronomie-Snob in einem Zwei-Sterne-Restaurant antreffen würde. Außer vielleicht von einigen kulinarischen Fanatikern – die sich nicht bewußt zu sein schienen, daß ein Interesse am Feinschmecker-Essen immer mit einem Interesse am Snobismus gekoppelt ist – hatte deswegen noch niemand von La Mère Blanc gehört. Les Snobs Gastronomiques rennen zwar schon, um den Anschluß nicht zu verpassen, aber den Neuheitsfaktor haben Sie immer noch auf Ihrer Seite. La Mère Blanc, ein reizendes Gasthaus in einer schmucken Kleinstadt, liegt etwa eine Stunde von der nächsten Zivilisation entfernt. Die Küche ist außergewöhnlich (und vom Swimmingpool müssen Sie ja nichts verlauten lassen).

Halten Sie sich immer vor Augen, daß der Snob Gastronomique – wie übrigens alle anderen Snobs auch – einen feinen Ausgleich zwischen Timing, Geschmack, Ambitionen und Tiefstapelei finden muß. Plagen Sie sich nicht mit Picassos Blauer Periode, wenn Picasso allein schon reicht. Sie sprechen mit Leuten auch nicht über Vlamincks Fauvismus-Periode, die nicht wissen, daß Vlaminck mit den Fauvisten gemalt hat. Gleichermaßen ist es eine Zeitverschwendung und Fehleinschätzung, von La Mère Blanc zu sprechen, wo Bocuse das Heiligtum in der Gourmet-Szene darstellt. La Mère Blanc tönt in solchen Kreisen wie eine fallende Schneeflocke.

Wenn all dies ermüdend auf Sie wirkt, können Sie die Snobismus-Angelegenheit vergessen. Es ist absolut möglich, die Tour Gastronomique nur um des Essens willen zu absolvieren. Nach meinem eigenen Dafürhalten zeugt das jedoch von einer unge-

La Mère Blanc
GIRARDET ★★★
AUBER Michel
DE Guérard's
L'ILL
★★★ ★★★

rechtfertigten Extravaganz, einer phantasielosen Einstellung und einer unausgeglichenen Persönlichkeit; obendrein ist es auch noch eine reine Zeitverschwendung.

Probieren
ohne Studieren

Ich wußte gleich, daß ich mich in der Gesellschaft eines Meisters befand, als ich letztes Jahr Jean Beaudet auf einer Beaujolais-Probe traf. Jean steht der Firma gleichen Namens vor; sie gehört zu einem der distinguiertesten Weingüter im Beaujolais-

Anbaugebiet. Normalerweise schätzt man den Beaujolais als angenehmen Landwein. Er steht zwar nicht an der Spitze der Weinliste, um die herum Sie sich Ihren Ruf als Weinsnob aufbauen – aber es gibt Ausnahmen.

Wir waren zu acht an unserem Tisch und probierten verschiedene Beaujolais – Fleurie, Morgon, Juliénas und Moulin-à-Vent. Beim Morgon schienen wir keine gute Flasche erwischt zu haben. Wir waren alle enttäuscht und baten Herrn Beaudet, den Wein zu probieren. Er hob das Glas, ließ den Wein kreisen, hielt ihn unter die Nase – dann wartete er einen Moment und stellte das Glas auf den Tisch zurück. Na gut, das war das Riechen, dachte ich; jetzt kommt das Probieren. Das Glas blieb aber auf dem Tisch.

»Der Wein ist gut«, sagte er. »Lassen Sie ihn sich ein paar Minuten entfalten.« In ein paar Minuten hatte er sich entfaltet.

Stellen Sie sich das mal vor: Eine Runde von acht ziemlich erfahrenen Weinfanatikern – einige von uns noch dazu unausstehliche Weinsnobs – hatte den Wein so schlecht gefunden, daß man den Referenten gebeten hatte, ihn zu probieren. Und den Wein hat er nicht einmal probiert. Er hat ihn gerochen; das war genug für Jean Beaudet. Für mich war das auch genug: Ich habe ihn auf der Stelle zu einem der Unsterblichen im Kult des Weinsnobismus ernannt.

Wir haben über Gesten gesprochen, die eine gewisse Vornehmheit in der Welt des Weinsnobismus ahnen lassen. Wir haben uns über Riechen und Schwenken, Dekantieren und Atmenlassen des Weines unterhalten. Es gibt aber keine einzige Geste, die so elegant, so aristokratisch und so sachkundig ist, wie einen Wein zu beurteilen, ohne ihn probiert zu haben.

Aber diese Geste ist auch äußerst riskant. Wenn Sie diesen Salto bei einem Abendessen mit Freunden vollführen wollen, müssen Sie sich Ihrer Sache absolut sicher sein – Ihre Fachkenntnis muß Ihrer Arroganz die Stange halten können, ein Sicherheitsnetz gibt es nämlich nicht. Der Wein wird eingeschenkt, und wenn er Ihrer Ankündigung nicht entspricht – wenn er nämlich verdorben ist – verreisen Sie am besten sofort mit unbekanntem Ziel.

Der Tag, als der Regen kam

Den sachverständigsten Wetterbericht hört man in den 11-Uhr-Nachrichten – wie man es auch erwarten darf – und in der Wine and Food Society, was überraschender ist. Jeder, der sich für die klimatischen Bedingungen in Frankreich interessiert, kann darüber mehr an einer Weinprobe in Amerika erfahren, als ihm lieb ist. Nicht nur kann er die vorherrschende gegenwärtige Wetterlage bestimmen, er kann auch die Verhältnisse in den Jahren 1964 und 1970 herausfinden – falls er eine Reise mit der Zeitmaschine vorhat.

Praktisch alle Weinfanatiker sind auch Amateur-Meteorologen; ihr besonderes Interesse gilt den Niederschlagsmengen. Es hat sich förmlich ein Kult um die Regenfälle gebildet, dem der Weinsnob die nötige Beachtung schenken muß. An irgendeiner Probe französischer Weine können Sie folgenden Ausspruch hören: »Der Regen kam 1964 spät.«

Glauben Sie ja nicht, daß diese Ankündigung von nur beiläufigem Interesse ist. Es ist der Regen, der den Wein wachsen und die Trauben reifen läßt. Wenn es in unbotmäßiger Weise regnet, kann es die Weinernte ruinieren.

Ich weiß, daß das komisch klingt, aber bedenken Sie folgendes: Wenn es in Strömen gießt, gerade bevor der Winzer die Trauben ernten und keltern will, schwillt die Frucht auf und der Saft wird dünn. Daher hören Sie auch oft die Bemerkung »Der Regen kam spät«, wenn Sie einen dünnen Wein trinken. An Weinproben spricht man mit einem Hauch von würdevollem Ernst davon, wie er sonst eigentlich nur für Naturkatastrophen im Ausmaß eines Erdbebens oder einer Überflutung zur Anwendung kommt.

Es setzt ein hervorragendes Gedächtnis (oder stundenlanges Lesen der Regenstatistik) voraus, um sich daran zu erinnern, ob der Regen im Jahre 1964 im Burgund spät oder früh kam – oder vielleicht überhaupt nicht. Sie werden aber erstaunt sein, wie viele Weinsnobs das können. Diese Gabe gehört ja zu den kostbaren Fähigkeiten, die den Weinsnob auszeichnen.

Ihre Tischrunde probiert einen 1971er Pommard; einer behauptet, der Wein sei ausgereift und ein anderer das Gegenteil. Ein dritter meint vielleicht, der Wein habe zuviel Tannin; ein vierter findet den Tanningehalt ausgewogen. Für einen fünften gibt es zuviel Eiche, was soviel heißt, daß der Wein zu lange im Faß geblieben ist oder die Eiche zu frisch war. Der sechste beruft sich darauf, daß gerade der Eichengeschmack für die Weinstruktur wichtig ist. Das sind alles triftige Gründe, die Diskussion und Zustimmung erlauben. Aber wenn der Wein dünn ist (und normalerweise gibt es darüber keine Diskussion), und jemand sagt: »Natürlich ist er dünn; der Regen kam 1971 eben zu spät.«, wird er damit sofort als der führende Weinsnob angesehen und man unterwirft sich seinem Urteil.

Es gibt einen Grundstock erlesener Informationen, der die Doktorwürde in Meteorologie übersteigt: Dieser ist so scharfsinnig, so esoterisch und so tief beeindruckend, daß das bloße Wissen um den Ablauf der Regenfälle klar in den Schatten gestellt wird. Es zeugt schon von Sachkenntnis, zu wissen, daß die Regenfälle 1964 spät einsetzen, aber welches Château hat die Trauben gelesen, bevor der Regen kam? Zwei Châteaux können nebeneinander liegen und der eine Besitzer pflückt seine Beeren vielleicht eine Woche früher als sein Nachbar. In dieser kritischen Woche könnten die Niederschläge einsetzen und die Weinernte vollkommen verändern – und somit auch den Wein.

Das zu wissen heißt, mit den anspruchvollsten Waffen in die Schlacht der Weinsnobs zu ziehen. Während Snob A vielleicht vorschlägt, einen roten Bordeaux zu bestellen, Snob B mit »Der Regen kam spät« einen Einwand bringt, galoppiert Snob C mit seinem »Aber nicht auf Cheval-Blanc« davon.

Und warum nicht in Cheval-Blanc? Also hören Sie gut zu, das ist nämlich wirklich eine wunderbare Geschichte, die sich dazu noch gut an Ihrer nächsten Abendgesellschaft anbringen läßt. Die Regenfälle kamen darum nicht spät in Cheval-Blanc, weil Cheval-Blanc in der Region St. Émilion liegt und nicht in dem Médoc-Anbaugebiet, aus der die meisten roten Bordeaux kommen. Folgen die Niederschläge in St. Émilion anderen Gesetzmäßigkeiten als im Médoc? Ist das der Grund? Eine intelligente Vermutung, aber leider falsch. In St. Émilion ist Merlot die

wichtigste Traube, im Médoc ist es die Cabernet Sauvignon. Nun reift die Merlottraube aber früher als die Cabernet Sauvignon und wird deswegen auch früher gepflückt. Es ist also absolut möglich, den Merlot in St. Émilion vor dem Regen zu ernten und den Cabernet im Médoc hinterher. Genau das ist 1964 passiert und erklärt die Tatsache, daß die St. Émilions und Pomerols – wie Cheval-Blanc und Pétrus – hervorragend sind und der Médoc nur respektabel. Warum lassen Sie diese Information nicht bei Ihrer nächsten Weinprobe fallen?

Bevor Sie die Niederschlagstabelle von einem Dutzend Anbauländern und über einen Zeitraum von zwanzig Jahren auswendig

lernen, sage ich Ihnen, wie Sie sich die Arbeit erleichtern können: Sie müssen sich nur um Frankreich kümmern. Italien und
Spanien – Kalifornien gehört auch dazu – scheinen eine gleich-
bleibende Niederschlagstätigkeit und ein viel beständigeres Klima als Frankreich zu besitzen. Außerdem sind ihre Weine nicht
so fein ausgewogen. Wenn es in Chambertin und Richebourg
regnet, hat dies ganz andere Auswirkungen als in Chianti. Keiner läuft rum und behauptet: »Der Regen kam spät in Chianti.«
Sie müssen also nur über Frankreich Bescheid wissen und auch
dort nicht über alle Regionen. Sie können das Loire-Tal, das Elsaß, Champagne und die Beaujolais-Anbaugebiete dabei außer
acht lassen. Dies soll nicht heißen, daß der Regen dort keine
Rolle spielt, nur eben keine so wichtige. Dann bleibt also Bordeaux, Burgund und das Rhônetal übrig. Nicht schlecht: drei
Regionen, multipliziert mit etwa zwanzig Jahren, gleich sechzig
Niederschlagskarten. Wenn Sie es natürlich sehr genau nehmen,
müssen Sie zwischen den nördlichen Regionen von Bordeaux,
wo die Trauben von Lafite und Latour wachsen, und dem südli-
chen Gebiet um Château d'Yquem und sogar dem mittleren Bordeaux um Haut-Brion unterscheiden.
Jetzt können Sie sicher auch verstehen, warum die Regenfälle
für den Weinsnob so entscheidend und warum die Auswertung
der Daten keine reine Routinesache sind. Bis hierher mögen Sie
sich gefragt haben, warum Sie dieses Buch überhaupt gekauft
haben: Eine Enzyklopädie ist es nicht gerade. Jetzt wissen Sie's
– um alles über Merlot und Cabernet, über St. Émilion und Médoc zu lernen und darüber, wann der Regen kam. Sie könnten
Ihrer Dankbarkeit dadurch Ausdruck verleihen, daß Sie ein paar
Ausgaben dieses epischen Werkes an Ihre Freunde verteilen. Somit verschaffen Sie dem Autor die nötigen Mittel, sich einen bescheidenen Nachschub an St. Émilions in den Keller zu legen.

Alt gleich gut – jung gleich schlecht

Die Eckpfeiler des Snobismus ruhen auf einer Konstante: dem Alter. Als Referenzen gelten alter Besitz, alter Stand und alte Familie. »Neuem« – oder gar »Nouveau« – hat man nie Respekt abgewinnen können.

Ein Sammler besitzt vielleicht einen Jackson Pollock – ein Hochsitz, von dem aus er auf seine Nachbarn herabsehen kann. Er sollte sich aber lieber versichern, ob dort in dem Wohnzimmer auch kein Rembrandt hängt. Mit Geld hat das nichts zu tun: Ein Pollock könnte soviel wie ein Rembrandt einbringen. Es hat mit dem Alter zu tun.

Jemand fährt vielleicht einen speziell angefertigten Cadillac, der mit allen Schikanen ausgestattet ist und einen sagenhaften Preis kostet. In der Hierarchie des Snobismus wird er damit aber vor einem 1946 Packard einfach verblassen.

Eine Steuben-Skulptur – auch wenn es ein signiertes Unikat ist – kann es mit einer Lampe von Louis Tiffany nicht aufnehmen. Ebensowenig kann etwas von Drehbank und Zahnrädern in der Industrie-Revolution Hergestelltes einem Chippendale die Hand reichen.

Bei Weinen verhält es sich auch so: Alter, Dauerhaftigkeit und Tradition zählen. Die protzigen, neuen kalifornischen Weingüter haben Stil und Pfiff; ein Snob wird mit einem 1974er Mayacamas aber seine liebe Mühe haben. Zugegeben, der Wein ist köstlich und teuer. Tauschen Sie es aber umgehend mit einem 1960er Brane-Cantenac.

Wie wär's mit einem 1976 La Tâche? Distinguierter Wein, außergewöhnliches Weingut. Können Sie sich mit einer Kiste 76er La Tâche in der Weinwelt etablieren? Natürlich nicht, er ist ja zeitgenössisch.

Wenn der Weinsnob diese Grundregel einmal anerkannt hat, wird er jeder Idee, die einen Hauch von Jugend verrät, abschwören. Bestenfalls toleriert man Jugend, Alter verehrt man.

Deswegen –

»Der Wein ist nie soweit«

Sie bestellen einen 1971er Musigny, einen außergewöhnlichen Burgunder in einem außergewöhnlichen Jahr. Sie bestellen ihn, sagen wir, zehn Jahre später. Der Oberkellner schenkt einen Schluck ein und Sie probieren ihn. Er ist einfach wunderbar. Das sagen Sie aber nicht. Einzugestehen, daß irgend etwas in dieser Welt im zarten Alter von einem einzigen Jahrzehnt »soweit« sein kann, heißt, das Snobismus-Geschäft überhaupt nicht zu verstehen. Die passende Antwort ist ein leichtes Seufzen und die Feststellung: »Wie schade, den Wein schon jetzt zu trinken; es ist doch noch ein Kind.«

Es würde ein längere Abhandlung brauchen, um zu erklären, wann der Wein als »soweit« ausgegeben werden kann. Im Bordeaux war ein 1961er Lafite auch nach zwanzig Jahren noch nicht ausgereift. Die sichere Regel lautet: Wenn Sie Zweifel hegen, drücken Sie Mitgefühl aus und erwähnen Sie, daß der Wein eines Tages großartig sein wird. Ihre Aussage ist erstens schwer anzuzweifeln und zweitens beweist sie, daß Sie großartige Weine gewohnt sind.

Wir sprechen natürlich von Rotweinen. Weißweine reifen schnell. Das macht sie allerdings auch weniger interessant als die roten, weil man über ihr »trinkfertig oder nicht« keine stundenlangen Diskussionen führen kann. Weißweine werden sowieso hauptsächlich im Juli und August probiert – Monate also, in denen die Statuten des Weinsnobismus außer Kraft gesetzt sind.

»Weine sind auch nicht mehr, was sie mal waren«

Natürlich macht man Weine nicht mehr so wie früher; nichts macht man mehr so wie in der guten alten Zeit. Für »man« können Sie übrigens ruhig »wir« lesen.

Aber jetzt machen wir in Pragmatismus und unser Thema ist doch der Snobismus. Wenn Sie den Pragmatiker abgeben wollen, treten Sie einem Debatierzirkel bei. Snobismus verlangt, daß Sie über alles Moderne herziehen: Chambertin ist nicht mehr Chambertin, Lafite ist nicht mehr Lafite. Daraus kann man den unvermeidlichen Schluß ziehen, daß Lafite noch Lafite war, als Daddy ihn zum Abendessen einschenkte. Einige von uns Bessergestellten können sich bestimmt noch daran erinnern.

Ach, waren das noch Zeiten!

Zu guter Letzt kommen wir zur klassischen Gegenüberstellung von Alter und Jugend: Die französischen Bordeaux Jahrhunderte, die kalifornischen Cabernets Jahrzehnte alt. Wir wissen bestimmt, wo unsere Loyalität liegt. Und doch schnappen die Cabernets den besten Weinen aus Bordeaux die Preise weg. An der Weinprobe in Ottawa im Januar 1981 nahmen die kalifornischen Weine zum Beispiel die ersten fünf Plätze ein und schlugen damit Lafite, Latour, Margaux, Haut-Brion und Mouton. Unglaublich! Die Bordeaux waren alle vom Jahrgang 1970, was wahrscheinlich der beste seit 1961 war. Stellen Sie sich einmal vor, daß ein 1970er Lafite einem 1974er Sterling Vineyards unterlegen ist. Was kann der Weinsnob dazu sagen?

Es ist wohl besser, wenn er sich überlegt, was er nicht dazu sagen sollte. Er kann nicht zugeben – Beweis hin oder her –, daß diese kalifornischen Emporkömmlinge einem Wein ebenbürtig sind, den Napoleon schon getrunken hat. Wenn man ihn nach der Ottawa-Probe fragt, könnte er die Frage entweder einfach ignorieren oder dem Fragesteller mit so einer Ungläubigkeit begegnen, als ob dieser um einen Vergleich zwischen Jackson und Rembrandt gebeten hätte.

Es entspricht aber auch der Wahrheit, daß die 1970er Bordeaux wohl noch ein paar Jahre bis zu ihrer vollen Blüte brauchen, während die 1974er kalifornischen Cabernets schon Anfang der achtziger Jahre ausgereift waren. »Probieren Sie's in einigen Jahren wieder«, kann man immer sagen, ohne daß einem widersprochen werden könnte.

Vermeiden Sie allzu detaillierte Angaben und denken Sie immer daran: Alt gleich gut, jung gleich schlecht. Sie werden mit diesem Grundsatz zwar auf einen köstlichen Mondavi Cabernet 1975 verzichten müssen, dafür aber ist Ihr Ruf als Weinsnob gewährleistet. Sie müssen sich im klaren sein, was für Sie wichtiger ist.

Eichenholz

Möglich, daß Sie nichts von Eiche verstehen; das macht auch nichts, denn Eiche ist ein äußerst langweiliges Fach. Das schließt aber Diskussionen darüber an Weinproben nicht aus. Wird zum Beispiel ein kalifornischer Chardonnay eingeschenkt, wendet jemand vielleicht ein: »Zuviel Eiche.« Gewichtiges Kopfnicken folgt der Aussage, so als ob alle neun Verfassungsrichter einstimmig zugunsten der Rede- und Pressefreiheit ihr Urteil abgeben. Schließen Sie sich denen ruhig an; hierbei lohnt es sich nicht, seinen Standpunkt zu behaupten. »Zuviel Eiche« ist schlicht und einfach Ansichtssache.

Ob nun langweilig oder nicht, Eiche ist – neben Bodenbeschaffenheit und Fermentationszyklus – zu einem Thema unter Weinsnobs geworden. Gewicht hat es aber gar nicht. Es wird kein Köpfedrehen verursachen, wie zum Beispiel das Dekantieren einer Flasche oder das Auswendiglernen der Jahrgangstabelle. Es handelt sich um eines dieser esoterischen Fachgebiete, weder imposant noch modisch, die die Annalen des Weinsnobismus füllen.

Wein altert vor der Abfüllung in Eichenfässer; die Eiche beeinflußt den Charakter des Weines. Sie verleiht ihm eine Strenge, die im Laufe der Zeit allerdings lieblicher wird, sowie Aroma, Ausgewogenheit und »Stil«. Viele Weinliebhaber ziehen einen Eichengeschmack vor und viele Kellereien entwickeln diesen Geschmack als besonderes Kennzeichen ihres Weines. (Andere Weintrinker argumentieren, daß sie Wein kaufen, um die Frucht herauszuschmecken und nicht das Faß.) Eine Kellerei, die einen starken Eichengeschmack als Stil und Ausgewogenheit schätzt, läßt ihren Wein länger als allgemein üblich in den Fässern; manche benutzen auch neue oder ausgeschabte Fässer (die Innenwände der Fässer werden ausgeschabt, um die Rückstände zu beseitigen und um näher ans Holz zu kommen). Man unterscheidet auch zwischen französischer, deutscher und amerikanischer Eiche, die alle dem Wein ihren eigenen Charakter geben.

Zum Schluß sei noch zu bemerken – und ich möchte dies in einer wissenschaftlichen Abhandlung aber nicht überbetonen –, daß nicht alles »Eichene« vom Faß kommt. Es ist teuer, Fässer

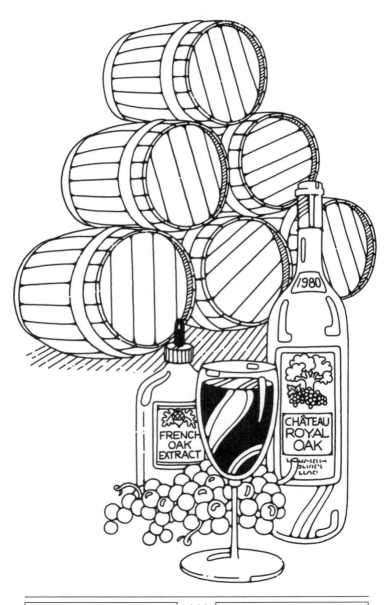

auszuschaben oder zu kaufen, und die Weinwirtschaft ist eine Sparte, in die viel Geld investiert werden muß. (Überlegen Sie sich mal, wie lange die Umwandlung von der Traube in klingende Münze dauert: Wachstum, Fermentieren, Reifen, Abfüllen und Verkaufen sind ein langer Entwicklungsprozeß. Das mag dazu führen, daß sich einige Weinkellereien zwar einer reichen Ernte erfreuen können, aber die nötigen Mittel für die Fässer fehlen. Soll man die Fässer vom letzten Jahr benutzen? Ja, aber der Wein hat das Eichene aufgesogen. Soll man auf rostfreie Fässer ausweichen, bis solche aus Eiche zur Verfügung stehen? Ja, aber Wein ist etwas »Lebendiges«; Sie können nicht an seinem Alterungsprozeß herummanipulieren.

Was gibt es denn sonst noch für Möglichkeiten? Sie haben den Wein – Sie brauchen die Eiche. Was machen Sie? Ich möchte das nicht laut sagen, aber es gehen Gerüchte um, daß einige Kellereien – nur im Zustand absoluter Verzweiflung, versteht sich – ihre reifenden Weine mit Eichenstückchen anreichern. Anstatt die richtigen Eichenstückchen beizufügen, sollen einige Kellereien diese dämpfen und – ich wage es kaum auszusprechen – das Kondensat in flüssiges Eichenaroma verwandeln.

Bevor wir allzu entrüstet reagieren, sollten wir einmal die Bestandteile anderer Verbrauchsgüter unter die Lupe nehmen. In welchem Produkt finden Sie z. B. Natriumglutamat, Dinatriuminosinat und Dinatriumguanylt? Ich gebe Ihnen einen Tip: Wir nehmen es, wenn wir krank sind.

Sie können der Industrie nichts vorwerfen, wenn sie sich erfinderisch gibt. Der Verbraucher stellt die Nachfrage und die Industrie befriedigt sie; das ist auch die Voraussetzung für die freie Marktwirtschaft. Hier und da sind Nachfrage und Angebot vielleicht nicht vereinbar und brauchen den Erfindergeist – siehe flüssige Eiche. Es ist aber kein Diskussionspunkt an der nächsten Vergleichsprobe von kalifornischen Weinen.

Vom Untergang des Weinsnobs

Je höher der Baum, desto tiefer der Fall. Je imposanter der Weinsnob, desto größer das Entzücken, wenn er strauchelt.

Das sollte eigentlich niemanden überraschen, auch nicht die Diskussion bei Meredith letzten Monat. Sie hatte mehrere gewichtige Feinschmecker zum Abendessen eingeladen, an dem sie einen Zinfandel servierte.

Malen Sie sich die Tischrunde aus: Gastgeber und Gastgeberin jeweils an einem Tischende, drei Gäste auf jeder Seite. In der Mitte auf der anderen Seite sitzt Hamilton, ein namhafter und äußerst leicht gereizter Weinsnob. Der Zinfandel wird auf den Tisch gestellt – stellen Sie sich das genau vor – mit der Etikette von Hamilton abgewendet. Der Wein ist weiß.

»Was trinken wir?« fragt Hamilton und bereitet sich schon darauf vor, uns alles bis ins kleinste Detail über den Wein zu erklären.

»Einen Zinfandel«, schreit Meredith aus der Küche.

»Ja«, sagt Hamilton, »aber ich meine, jetzt.«

»Einen Zinfandel«, sagt Donald, der Hamilton gegenüber sitzt. Er weiß sehr wenig über Wein, aber die Etikette ist eine Nasenlänge vor ihm.

Donalds unmittelbare Nähe scheint Hamilton, der nur für sein Ego ein Auge hat, nicht zu stören. »Wenn wir Zinfandel haben«, verkündet er, »bring ihn raus und nimm diesen Weißen weg.«

Inzwischen amüsieren sich die anderen Gäste köstlich und fragen sich, wie tief Hamilton wohl sinken wird. Sie sind zwar keine Zinfandel-Experten, gehen aber davon aus, daß Meredith schon weiß, welche Flasche sie auf den Tisch gestellt hat und daß Donald lesen kann.

Hamilton, der nur von seiner eigenen Wichtigkeit ausgeht, dreht die Flasche nicht einmal um, sondern referiert einfach weiter: Zinfandel ist nicht nur rot, er ist tief purpurrot und wahrscheinlich der kräftigste Rotwein, der in Kalifornien gekeltert wird.

Schließlich dreht Donald die Flasche rum, so daß das Etikett jetzt auf Hamilton zeigt. Monteviña ist die Kellerei, der Wein ist ein weißer Zinfandel.

»Soll das ein Witz sein?« fragt Hamilton.

Nennen Sie das Stück »Untergang eines Weinsnobs«.

Jetzt kommt der zweite Akt. Wir sind bei Gloria und Arthur zum Abendessen eingeladen. Sie wohnen in einem Villenviertel, das mehr als einen Weinsnob beherbergt. Weder Gloria noch Arthur jedoch gehören zu dieser Kaste oder zu deren Anwärtern. Das hat mich in den letzten Jahren ein bißchen verärgert, aber nicht genug, um die Freundschaft aufzukündigen.

Gloria und Arthur besitzen einen Weinkeller; er gehörte zum Haus. Im ganzen Keller haben sie vielleicht zwanzig Flaschen herumliegen und nicht die leiseste Ahnung, was das für Weine sind. Wenn Rita und ich bei ihnen zum Essen eingeladen sind, machen sie immer ein paar Flaschen auf; sie versuchen immer, die besten zu erwischen.

Es ist wirklich interessant herauszufinden, was Arthur da unten vergraben hat; er ist nämlich ein angesehenes Mitglied der Finanzwelt und die Leute geben ihm immer ein paar Flaschen, wenn er ihre Gesellschaften fusioniert. Im allgemeinen sind diese Weine der Gelegenheit angepaßt: Man schenkt eben keinen Beaujolais bei einer Millionen-Fusion. Da Arthur einen Beaujolais von einem Chambertin nicht unterscheiden kann, würfelt er sie alle wie bei einer Aktion von Billigweinen zusammen. Wenn wir ankommen, ruft Arthur aus dem Keller:

»Hättet ihr gern einen Beaujolais oder – wartet mal, ich weiß nicht, wie man das ausspricht – einen CHAM-BER-TIN?«

»Welchen Jahrgang hat der Chambertin, Arthur?« (Nicht, daß das eine Rolle spielt.)

»1971.«

»Gut, den Chambertin.«

»Was soll ich sonst noch raufbringen? Es gibt Filet mignon. Oh, hier ist eine Flasche, die vielleicht geht.« Er buchstabiert: »S-A-N-C-E-R-R-E. Ist das was Ordentliches?«

»Er ist phantastisch, Arthur, aber es ist ein Weißer.«

Einen Moment herrscht Ruhe, dann: »Leonard, ich glaube, es ist ein Roter.«

»Das ist kein Roter; was hast du sonst noch?«

»Komm doch mal runter, Leonard; mir sieht er wirklich rot aus.«

»Ich muß ihn mir gar nicht ansehen. Sancerre ist weiß.«

Arthur hat seinen Weinsnobfreund jahrelang geduldig ertragen, dessen Arroganz und Beleidigung toleriert. Im allgemeinen ist eine Flasche auch weiß, wenn ich das sage. Hier geht es aber nicht um ein önologisches, sondern um ein visuelles Problem und Arthur hat die Flasche genau vor sich.

Bevor ich meine Predigt über die Weine des Loire-Tals beginnen kann, erscheint Arthur mit der Flasche am Tisch. Er stellt sie mir direkt vor die Nase und fragt: »Was ist denn das wohl für eine Farbe?«

Es sitzen noch zwei Paare um den Tisch. Alle haben sie unsere Unterhaltung mitgekriegt. Der Beweis wird geliefert: Der Sancerre ist unverkennbar rot.

Es ist tatsächlich eine ungewöhnliche Flasche; man trifft sehr selten auf einen roten Sancerre in Amerika. In England wird er schon verkauft und selbstverständlich auch in Frankreich. Irgendein Rotwein aus dem Loire-Tal ist im Grunde genommen ungewöhnlich. Wenn man über diese Weine spricht, denkt man an die weißen; sie gehören zu den angenehmsten und preisgünstigsten Weißweinen der Welt. Man müßte annehmen, der Weinsnob könnte sich einen Roten vorstellen – besonders, wenn sein Gegenüber eine Flasche direkt vor sich hat. Aber wohl kaum. Er ist so sehr vom unantastbaren Wesen seiner Gelehrsamkeit überzeugt, daß in seinen Augen nur er alles weiß und sonst niemand – für andere Möglichkeiten ist er geradezu blind. Nachdem er allem Anschein nach zum Trotz darauf beharrt hat, es handle sich um einen Weißen, ist er zu einem Abendessen voller Peinlichkeit und Erniedrigung verdammt. Untergang eines Weinsnobs – Vorhang für den zweiten Akt.

Dies ist ein vernünftiger Rat: ein Zinfandel kann weiß, ein Sancerre kann rot sein. Ein Beaujolais, bei dem man an einen leichten Roten denkt, kann weiß sein. Auch ein Cabernet Sauvignon, den man im allgemeinen als kräftigen Roten einstuft, kann weiß sein. Einer der besten roten Bordeaux überhaupt, der Château Haut-Brion, bringt auch einen Weißen heraus, wenn auch nicht von der gleichen Klasse wie der Rote. Wenn also jemand ihnen aus dem Keller zuruft, er habe einen weißen Haut-Brion, glauben Sie ihm lieber – er hat ja die Flasche vor sich.

Auf den Namen
kommt's nicht an

Eine Gruppe von uns Oberweinsnobs aßen zusammen zu Abend
und besprachen dabei die wichtigen gesellschaftlichen Fragen
der Stunde, wie zum Beispiel: Kann man den 61er Latour schon
trinken? So eine Unterhaltung kann unter Weinsnobs gut drei
volle Tage dauern. Der Oberkellner kam und Reginald, unser
führender Geist, bestellte einen Châteauneuf-du-Pape zu seinen
Mignonettes d'agneau bordelaises. Wir waren entsetzt.
»Ein roter Bordeaux paßt doch bestimmt besser, Reginald«,
meinte jemand.
»Ein Clos de Vougeot oder irgend ein guter roter Burgunder wäre raffinierter.«
»Vielleicht sogar ein Rheinwein«, sagte ich und gab mir die
größte Mühe, wagemutig und weltmännisch zu erscheinen.
»Warum hast du einen Châteauneuf-du-Pape bestellt?«
»Weil mir der Klang gefällt«, sagte Reginald.
Man sagt dem Châteauneuf-du-Pape wirklich nach, daß mehr
Flaschen wegen des Namens als dem Inhalt zuliebe bestellt werden. Vielleicht trifft das auch für Pouilly-Fuissé und Beaujolais
zu; all diese Bezeichnungen lassen sich so elegant über die Zun-
ge rollen.
Man spricht zwar sehr viel über den Charakter eines Weines –
Nase, Ausgewogenheit, Farbe –, böse Zungen behaupten aber,
daß die Weine wegen ihres Namens bestellt werden. Weinsnobs
gaben es nicht gerne zu, aber insgeheim räumen sie doch ein,
daß sie auch den forschen Klang eines Pouilly-Fuissé einem
schwerfälligen und behäbigen Muscadet vorziehen.
Die Zeit ist jetzt wohl reif, das geheime Versagen der Connais-
seure einzugestehen und die fünf großen Namen (und die fünf
weniger großen) aufzulisten.

1. Es wäre schwierig, einem *Châteauneuf-du-Pape* den ersten
Rang abzulaufen, obwohl die Qualität des Namens und die des

Weines eine gewisse Unvereinbarkeit aufweisen. Der Wein ist nicht schlecht, so ist das nicht gemeint; es ist ein tadelloser, kräftiger Wein aus dem Rhônetal, der wunderbar zu einem Rindseintopf oder zu Wild paßt. In der Weinhierarchie rangiert

er aber unter den durchschnittlichen und wird von vielen roten Burgundern, roten Bordeaux und Riojas überholt. Aber der Name! Nichts übersteigt die eigenartige Poesie von Châteauneuf-du-Pape.

2. *Pouilly-Fuissé* steht an zweiter Stelle – ein charmanter, flötenhafter Klang, dem Flug eines Kolibri oder einem flüchtigen Kuß ähnlich. Zartheit verbindet sich mit Melodie; die goldrichtige Wahl für einen jungen Mann, der sein erstes Rendezvous mit einer reizenden und leicht zu beeindruckenden Dame hat. Und nach diesem Eindruck meldet sich der Wein: ein trockener und fruchtiger weißer Burgunder. Wo finden Sie sonst einen guten Wein und ein Flötensolo in einem?

3. *Mayacamas* – Der eigenartige, kehlige Klang der Bratsche, in den man sich nicht auf Anhieb verliebt. Der Ton läßt auf einen Kaiser aus dem Inkareich schließen; es ist aber ein Indianerwort, das soviel wie das »Heulen eines Puma« bedeutet. Das ist schon Grund genug, den Wein zu bestellen. Sie werden bestimmt gefragt, was hinter dem Namen steckt.
Mayacamas gehört zu den angesehenen kalifornischen Weinkellereien; sie ziehen einen ausgezeichneten Chardonnay sowie einen erstklassigen Cabernet Sauvignon und Zinfandel auf Flaschen ab. Der Name ist nicht nur kurios, sondern birgt eine gewisse buntscheckige Schönheit in sich; er hat eine wunderbare Resonanz, etwas Mysteriöses und eine Melodie, die noch lange nachklingt.

4. *Amarone* ist einer der großen italienischen Rotweine; Intensität, Bukett und Zucht sind sagenhaft. Vergessen Sie das mal und lauschen Sie auf den Namen – möglichst von Luciano Pavarotti ausgesprochen – Am-mahr-roh-nay. Man hört förmlich den Sirenengesang, die Verlockung.
Es gab einmal einen jungen Mann, der war hoffnungslos verliebt; seine Liebe wurde aber nicht erwidert. Er lud sie in ein abgelegenes italienisches Restaurant und bestellte einen Amarone. Er kostete 15 Dollar – mehr, als er sich leisten konnte – aber sein Herz hörte nicht mehr auf solche Einwände. Er sprach den Namen absolut richtig aus, Amarone. Der Kellner nahm Achtungstellung ein, zog die Augenbrauen hoch und wiederholte die

Bestellung. »Ich glaube, wir haben nur noch eine Flasche«, sagte er. Der Wein war wie Samt. Und der Klang? Es war, als ob Heifetz Schubert spielte. Die Herzen des jungen Paares haben sich für immer gefunden.

5. *Stag's Leap* – Jetzt wird's heikel. Wie kann ich – denken Sie – einem Amarone einen Stag's Leap folgen lassen; Streicher mit Schlagzeug? Ein Orchester besteht aus vielen Klängen, und einer der guten Klänge – einer der großen Namen – ist Stag's Leap. Er gehört auch zu den ausgezeichneten kalifornischen Weinkellereien; seine Petite Sirah und seine Chardonnay sind preisgekrönt. Sehr wichtig ist aber dieser bizarre, muskulöse Name, der Erinnerungen an den Spanisch-Amerikanischen Krieg heraufbeschwört. Es mag eine Zeit gegeben haben, wo dieser Name als etwas zu aggressiv angesehen worden wäre, aber heutzutage haben wir vielleicht ein Zuviel an Wohlklang und Ausgefallenheit in uns aufgenommen. Was wir brauchen, ist etwas Uramerikanisches, um das Emporkommen kalifornischer Weine gebührend zu feiern. Den Weinsnobismus müssen Sie ja nicht an der Sorbonne studieren, es gibt eine gute Ausbildung im Napa-Tal. Heute ist der Snobismus international geworden.

Eigentlich schade, daß die Produzenten hervorragender Weine kein Gefühl für die Dramatik und die Eleganz der Bezeichnungen haben. Während die Parfümhersteller ihren Erzeugnissen Wortschöpfungen wie Chanel oder Réplique geben, heißen die Weingüter Schramsberg und Gallo.

Erwarten Sie nicht, daß Reginald dies zugibt, aber hier sind fünf Namen, die engagierte Weinsnobs links liegen lassen:

1. *Muscadet* – Hinter einigen der häßlichsten Namen verbergen sich die besten Weine. Führend dabei ist Muscadet. Der Name ist bar jeglicher Erhabenheit, eine abgedroschene Wortschöpfung, die am ehesten auf eine Bierdose gehört. Dabei ist der Wein ein schöner, fruchtiger, halbtrockener aus dem Loire-Tal. Am Preis gemessen bedeuten sie die beste Wahl auf fast jeder Weinliste. Das kommt daher, daß kein Mensch Muscadet bestellen will, wenn er für ein paar Dollar mehr eine Flasche Pouilly-Fuissé erstehen kann.

2. *Schloß Vollrads* – Es ist wohl ungerecht, hier deutsche Weine

anzuführen, denn für Fremdsprachige ist Deutsch mit seinen vielen Kehllauten nicht unbedingt attraktiv. Aber ein schlechter Name ist halt ein schlechter Name. Um fair zu sein, beschränke ich mich auf das eine Beispiel, auch wenn viele Beobachter den deutschen Weinen alle fünf Plätze zusprechen würden.

Ein Amerikaner braucht wohl keine lange Erklärung, weshalb Schloß Vollrads ein unmöglicher Name ist – ob für Wein oder sonst irgend etwas. Für mich dampft und schnaubt der Name wie eine Lokomotive durch die Landschaft.

3. *Gallo* – Ein Weingut, dessen Chenin Blanc und Colombard bei Vergleichsproben immer wieder über angesehene Weine den Sieg davontragen, bleibt bei seinem unpassenden Namen. Dabei gehört die Marke Gallo eher zu einer Fertigsauce für Spaghetti.

4. *Gewürztraminer* – Wenn Sie einen Wurstladen mit riesigen Leberwürsten und Salamis in der Auslage aufmachen wollten, wäre Gewürztraminer genau der richtige Name. Er hat einen rauhen, polnisch-ungarischen Klang, der nach Wurst, scharfem Senf und Sauerkraut tönt. Hätten die Elsässer für ihr Leibgericht aus Sauerkraut und Wurst nicht die Bezeichnung »Choucroute« gewählt, wäre Gewürztraminer auch eine Möglichkeit gewesen. Dafür ist der Name genau richtig, nicht aber für einen Wein. Dieser ist ein würziger, blumiger Wein aus der Grenzregion von Ostfrankreich, der wirklich einen besseren Namen verdient hätte. Schade. Der vierte Platz geht also an den Gewürztraminer.

5. *Barsac* – Vielleicht ist der Name gar nicht mal so unmöglich, aber die Franzosen hätten auch auf etwas Besseres kommen können. Der Name Barsac eignet sich viel mehr für einen in Sackleinen verpackten Kochsherry. Der Wein wird nur selten im Restaurant angeboten. Es ist ein Dessertwein und wird nur von einer Tischrunde bestellt, die sich bei diesen Weinen auskennt. Und auch dann würde man eher einem Sauternes den Vorzug geben, da er bekannter ist – und weil der Name eben besser klingt.

Das also sind die fünf schlimmsten Namen: holprig, schwerfällig und rauh. Die gehören einfach nicht in die feine Gesellschaft von Kristall und Silber. Ich frage mich, welcher Weinsnob einen

Schloß Vollrads bestellen würde – der Name klingt wie ein Reifen, dem die Luft ausgeht – wenn er einen Amarone und den Himmel voller Geigen haben könnte?

Reginald

Ich habe Reginald zufällig neulich in der Bibliothek getroffen, wo er sich in die Niederschlagstabellen des Jahres 1971 im oberen Médoc-Gebiet vertieft hatte. Für mich persönlich ist das allerdings nicht von höchstem Interesse, aber in den Kreisen, in denen Reginald verkehrt, gehört das zur alltäglichen Unterhaltung.

Hinterher tranken wir noch eine Tasse Kaffee zusammen und sprachen über Wein – dieses Thema versteht sich bei ihm von selbst. Wenn ich nach dem Wetter oder nach der neuesten Theateraufführung gefragt hätte, wäre ich Zeuge davon geworden, wie Reginald eine Tasse Kaffee in einer knappen Minute hinunterstürzt.

Reginald leugnet es auch gar nicht ab, ein Weinfanatiker zu sein – er entschuldigt sich auch nicht dafür. Das sind die Regeln. Sie sind ein bißchen beunruhigend, aber man weiß wenigstens, woran man ist. Sie wollen über das Theater sprechen? Suchen Sie sich einen anderen Gesprächspartner.

Es gibt einige, die Reginalds Benehmen für unhöflich und asozial halten. Ihr Argument scheint zu sein, daß sich unser Freund über Aspekte von allgemeinem Interesse auslassen sollte. Sie finden, die gesellschaftlichen Spielregeln erfordern einen Austausch von Interessen und Ideen. Reginald ist das egal; ihm ist Wein wichtig. Außerdem, meint er, interessiere sich sowieso keiner für gesellschaftliche Gepflogenheiten. Ihre einzige Absicht beim Zuhören bestehe darin, auf den Moment zu warten, wo sie die Unterhaltung wieder an sich reißen können. Um etwas anderes gehe es bei dem sogenannten Gedankenaustausch nicht, behauptet er.

Ich glaube, ich verschweige hier lieber, ob ich Reginald zustimme oder nicht; meine eigenen gesellschaftlichen Aktivitäten bewegen sich nämlich auch nicht gerade im Wirbelwindtempo. Ganz unrecht hat er aber wohl nicht. Ab und zu suggeriere ich ihm, daß ein weniger starres Kleben an dem einen Thema vielleicht neue gesellschaftliche Möglichkeiten mit sich bringen könnten. Reginald findet das aber reine Heuchelei.

»So bin ich eben«, sagt er, »einige Leute schätzen mich, und das ist es, warum sie mich schätzen. Andere tun das nicht, und das ist auch in Ordnung. Du empfiehlst mir, daß ich mich als jemand ausgebe, der ich nicht bin. Was für eine Genugtuung wäre denn das? Dann schätzen sie ja nicht mehr den, der ich eigentlich bin.«

Reginald geht also seinen Weg; er trägt eine antike Taschenuhr, kauft seine Anzüge ausschließlich bei Brooks Brothers und bestellt seine Hemden durch die Post.

Moderichtungen kommen und gehen, Krawatten wechseln von schmal zu breit. Das ist Reginald alles gleich. Sogar die Sprache verändert sich: Mal sagt man »Schönen Tag« und einen Monat später heißt es »Mir egal«. All das geht bei Reginald wie ein Herbststurm vorbei. Auch in Restaurants und Nachtclubs ändert sich der Stil: Edeldiscos wie Studio 54 kommen und – nachdem die Kundschaft ein paar Jahre Schlange gestanden und um Einlaß gebeten hat – verschwinden wieder von der Bildfläche. Reginald hat nie gewußt, wo Studio 54 ist. Weine und Spirituosen unterliegen ebenso dem Diktat der Mode. In einem Jahr ist es Kir, im nächsten Campari. Reginald trinkt Wein der Tradition folgend, die mit Napoleon begann.

Schwerfällig und fast zum Verzweifeln, ohne Flair und schmucklos zieht Reginald dahin und trinkt seinen Wein. Einige zollen ihm Respekt – das ist nett. Einige grollen ihm – das ist o. k. Reginald würde von sich sagen, daß er 24 Stunden am Tag mit Reginald lebt. Was für eine Lebensphilosophie! Und das ist unser Führer, der Hohepriester im Weinsnobismus! Wollen Sie immer noch Weinsnob werden?

Reginald – PS

Es bereitet ein besonderes Vergnügen, Reginalds Schrullen und Indiskretionen aufzudecken, genauso, wie es einen freut, solche Eigenschaften bei einem Hohepriester festzustellen. So etwas hat immer Unterhaltungswert und je höher das Amt, desto größer das Vergnügen. Vielleicht finden einige diesen Vergleich überspannt, aber unter Reginalds Jüngern im Kult des Weinsnobismus scheint er durchaus angebracht.

Der aufstrebende Weinsnob muß unweigerlich früher oder später auf Reginald stoßen. Damit er dann keine gravierenden Fehler begeht, sollte er um ein paar dieser Eigentümlichkeiten wissen. Er möchte zum Beispiel, als Zeichen der Dankbarkeit für einen kleinen Gefallen, Reginald ein Geschenk machen. Vielleicht wählt er eine Krawatte aus und diese – wie es heutzutage oft bei Krawatten vorkommt – ist mit irgendwelchen Initialen verziert. Ich weiß sogar, er könnte an eine solche Krawatte denken, denn das hat schon mal jemand getan – und dieser jemand ist in den vergangenen Jahren bei allen Weinanlässen auffallend abwesend gewesen.

Reginald regt sich über Initialen wahnsinnig auf, egal, ob über seine eigenen oder die des Modeschöpfers. »Warum muß ich meine Initialen auf diesen Sachen haben?« argumentiert er, »ich kenne meine Initialen.« Seine Heftigkeit verwundert seine Freunde etwas, die ihn anhören und dabei denken: »Dann laß das doch sein; das ist uns doch völlig egal.«

Aus zuverlässiger Quelle kommt die folgende Geschichte: Reginald erhielt einmal einen Geschenkgutschein von einem Geschäft, das er normalerweise nicht aufsucht. Da er aber einen burgunderfarbenen Schlips für einen seiner vielen dunkelgrauen Anzüge brauchte, ging er mit seinem Gutschein in die Krawattenabteilung. Der Verkäufer holte einen seidigen, burgunderfarbenen Schlips aus dem Regal und legte ihn mit schwungvoller Eleganz auf den gläsernen Ladentisch. Reginalds Augen wanderten über das gute Stück und entdeckten drei ineinander verschlungene Initialen. »Was ist das?« fragte er.

»Y-S-L«, antwortete der Verkäufer. »Yves Saint Laurent. Alle

unsere besseren Krawatten tragen die Initialen ihrer Designer.«
»Sehr schön«, sagte Reginald und drehte dabei den Schlips um,
»aber geben Sie mir doch bitte eine Ihrer billigeren.«
Reginald klang gereizt und der Verkäufer fuhr vorsichtig fort:
»Ja, ja, heute scheinen die alles mit Initialen zu versehen. Leider
haben wir aber im Moment nichts in dieser Farbe ohne Initialen.« Er knotete die Krawatte, wohl in der Hoffnung, dadurch
Reginalds Aufmerksamkeit von diesen drei Buchstaben abzulen-
ken. Dabei hatte er aber nicht mit Reginalds Zorn gerechnet. Je-
mand, der unseren Freund begleitet hatte, schwört, daß er dem
armen Verkäufer das Leben gerettet hat, indem er Reginald an
eine bevorstehende Probe kalifornischer Dessertweine erinnerte.
Reginalds Reaktion gegenüber Reptilien-Applikationen auf
Kleidungsstücken grenzt auch schon fast an Wahnsinn. »Das
Hemd ist gut«, sagt er, »aber was soll der Alligator darauf?«
Dazu noch eine Geschichte, wieder aus glaubwürdiger Quelle:
Reginald hat einmal an diese Alligator-Firma geschrieben, wie
sehr ihm zwar die Hemden, nicht aber das Emblem gefallen.
Aus dem Grunde möchte er gern drei Hemden ohne das Tier-
chen bestellen: eins in Beige, eins in Marineblau und eins in
Rot.
Die Alligator-Firma schrieb zurück, daß sie sich über sein Inter-
esse und seine netten Worte sehr gefreut habe. Sie habe aber
noch nie ins Auge gefaßt, die Hemden ohne das Emblem herzu-
stellen – das würde ihrer Marketingpolitik zuwiderlaufen –, und
wenn sie es doch machen würde, ginge das nur für einen Auf-
trag ab 3500 Hemden.
Reginald antwortete, daß er seine Bestellung auf sechs Hemden
erhöhen könnte, wenn sie noch je eins in Gelb, Magentarot und
Waldgrün dazunehmen würden – aber mehr gingen nicht.
Die Firma meldete sich daraufhin gar nicht mehr, was Reginald
als unverschämt empfand und ihn noch jahrelang einen Groll
gegen sie hegen ließ. Zum Glück verzieren Alligatoren im allgemeinen nicht die Kleidung, die bei Weinproben getragen wird –
obwohl man leider feststellen muß, daß sie sich auch auf solchen Anlässen schon einschleichen.
Andere Themen, die man klugerweise in Reginalds Gesellschaft
vermeiden sollte, sind Überraschungs-Geburtstagsfeiern, Para-
den, Dachrestaurants, Klassentreffen, die gesammelten Werke
von Kahil Gibran, Notizen, die mit »Mit freundlichen Grüßen

überreicht von . . .« beginnen und Bilder von Leroy Neiman. Ich habe Ihnen doch gesagt, daß Reginald viele Ticks hat.

Ich will mich zwar nicht ewig beim Thema »Reginald« aufhalten, aber dies ist schließlich ein Leitfaden – oder tut jedenfalls so, als ob – für den Weinsnobismus. Der aufgehende Stern dieser Disziplin wird sonst eines Tages an einem Anlaß der Wine and Food Society oder der Chaîne des Rôtisseurs mit einem schicken, neuen Countess Mara-Schlips erscheinen. Dort trifft er auf Reginald und dort wird er begutachtet – so, als ob er zu Petrus an die Himmelspforte kommt.

Möchten Sie nun in den Himmel oder nicht?

Zur Verteidigung
des Weinsnobismus

Wie auch immer man zu Reginalds Eigenbrötlerei steht, er ist ein furchteinflößender Gegner bei allen Diskussionen um den Weinsnobismus. Über die Jahre hat er sich, wenn auch nicht immer sehr geduldig, den Spott und die Neckereien angehört, die einfach den Stil und das Protokoll beim Weintrinken begleiten. Er hat seinen Freunden zugehört, wie sie mit dem Weinkellner über die unterschiedlichen Vorzüge von 1970er und 1971er Château Simard diskutiert haben – und das sehr zum Verdruß und zur Verlegenheit der ganzen Tischrunde. Er hat die gelangweilten Blicke wahrgenommen, die bei Abendgesellschaften ausgetauscht werden, wenn das Thema »Wein« ist. Er hat die Beleidigungen gehört, mit denen ein jeder Weinfanatiker überschüttet wird, der so naiv ist und annimmt, Ausführungen über eine Vertikalweinprobe von Château Pétrus seien von allgemeinem Interesse. Und all das hat Reginald über die Jahre so nach und nach auf Touren gebracht.

Unser Hauptakteur hat es sich zur Aufgabe gemacht, den Weinsnob zu verteidigen. Wer macht es denn schon, wenn nicht er? Reginald argumentiert mit Vehemenz, daß Weinsnobismus dem Wesen nach einem jeden anderen Snobismus gleicht. Ich glaube, dem würde ich zustimmen.

Denken wir mal an ein Restaurant in Amerika; zwei Paare trinken Martini-Cocktails, alle in einer anderen Zusammensetzung: Tanqueray, Beefeater, Gordon und Smirnoff; einen trockenen, einen nicht-so-trockenen, zwei sehr trockene oder ähnlich; einmal Olive, einmal Zwiebel, einmal mit Zitronenschale, einmal nichts; dreimal pur, einmal mit Eis. Es brauchte eigentlich einen Computer-Spezialisten, um das alles zu registrieren. Sind das nun Martini-Snobs?

Sind die Martinisnobs schlimmer als die Weinsnobs?

Wir unterhalten uns mit Freunden und man kommt auf Tennis zu sprechen. Es macht gar nichts, daß nicht alle Tennis spielen;

bald wird es zu einer Abhandlung über die verschiedenen Vorzüge von Holz- gegenüber Graphitschlägern kommen. Das wird etwa eine halbe Stunde dauern, auch wenn man die unterschwelligen, aber unmißverständlichen Bemerkungen über den neuen 300-Dollar-Graphitschläger einschließt. Dann sind die Tennisschuhe dran: Tragen Sie Puma oder Adidas? Der nächste Punkt ist der Belag: Rotgrant oder Gras?

»Was, Sie haben nie auf Gras gespielt? Schade. Wenn Sie je die Chance haben sollten, in Europa zu spielen . . . «

Für dieses Thema müssen Sie nur mit einer Viertelstunde rechnen, weil sich jeder für das Hauptthema Zurückhaltung auferlegt: Tennisarm. Jede Gruppe von Tennisspielern kann sich einen Abend lang beim Tennisarm aufhalten.

»Dr. Cooper an der Ecke Park Avenue und 57. Straße verschreibt mir isometrisches Muskeltraining. Wen konsultieren Sie? Dr. Mancuso? Ich glaube, von dem habe ich noch nicht gehört.«

Sind das Tennissnobs?

Sind Tennissnobs schlimmer als Weinsnobs?

Obwohl man im allgemeinen annimmt, kein Snob sei so schlimm wie der Weinsnob, finde ich sie alle etwa gleich. Der Weinsnob leidet allerdings unter einem besonderen Phänomen, nämlich der Weinsprache. Châteauneuf-du-Pape ist ein sonderbares Wort, wie auch Pouilly-Fuissé eins ist. Biermarken klingen anders. Zu Otto Normalverbrauchers Wortschatz gehört »Pouilly-Fuissé« nicht.

Und wie ist es mit all dem Zeug über Jahrgänge? Bei Tanqueray gibt es keine guten und schlechten Jahre. Jack Daniel ist Jack Daniel, egal, ob nun ein 1971er oder 1973er. Kann man von einem Weinliebhaber erwarten, daß er Burgunder aus einem weniger guten Jahr bestellt?

Und wie steht's mit dem Schwenken und Riechen? Wenn Sie in dem Bierlokal an der Ecke mit Schwenken kommen, könnten Sie leicht Ihre Gesundheit aufs Spiel setzen. Aber der Weintrinker läßt den Wein im Glas kreisen. Wie soll man das erklären? Es ist gar nicht so schwer: Beim Schwenken – besonders bei Rotweinen – entfaltet sich das Bukett und setzt den Wein der Luft aus, läßt ihn weicher werden. Das ist eigentlich eine ganz logische Sache, aber der Anflug von Affektiertheit ist nicht abzuleugnen. Martinis schwenken wir nicht.

Der Weintrinker ist also von der Choreographie der Weine eingefangen. Jede Frage, die er stellt, jede Bewegung, die er macht, wirkt geziert. Das, was eigentlich das natürliche Benehmen eines intelligenten und interessierten Weintrinkers ist, sieht nach reinem Pomp und Getue aus.

Was ist da zu machen? Nichts. Sie können die Sprache, die Sitten und Gebräuche des Weintrinkers nicht ändern.

Die Bemerkung zum Weinkellner »Lassen Sie ihn noch ein paar Minuten atmen, er ist noch nicht ganz soweit«, wird Ihren Tischnachbarn immer peinlich sein.

Der Weinsnob sitzt also in der Falle. Auch wenn er bescheiden oder gar anspruchslos ist, verschwört sich alles gegen ihn: die Sprache, die er benutzt, die Jahrgänge, die er gelernt hat, das Riechen und das Schwenken. Er muß keine großen Gebärden machen oder schulmeistern – er wird sofort als Weinsnob erkannt.

Seine Verteidigung? Es gibt keine; Reginald habe ich allerdings oft auf Henry Fords Ausspruch hinweisen hören: »Nie reklamieren. Nie erklären.«

Mein Gott, Reginald, hättest du nicht etwas aus Shakespeare finden können?

Reginalds Charakter – arrogant, gebieterisch, intolerant,
ungeduldig – weist vielleicht eine gewisse Ähnlichkeit
mit verschiedenen Weinenthusiasten in Ihrer Stadt auf.
Wenn jemand die Möglichkeit beunruhigt, er könnte
Reginald sein, die Antwort ist –

JA!